무비 스님

대승찬 강설

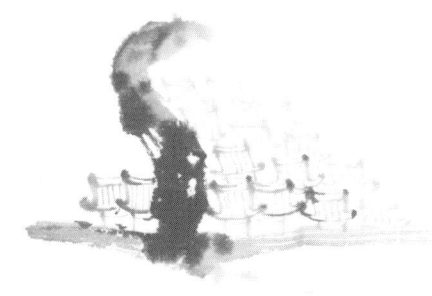

불광출판부

대승찬(大乘讚) 강설

머리말

불교는 서역 인도에서 발생하여 근본불교, 원시불교, 소승불교, 대승불교 등으로 전개되어 왔습니다. 다시 동토(東土)에 건너와서 수많은 종류의 불교의 가르침 중에서 가장 높고 가장 깊은 선불교(禪佛敎)로 발전하였습니다. 그 결과 선어록(禪語錄)이라 불리는 진리의 정곡을 설파한 명쾌한 글들이 속속 등장하였으며, 그 중에서도 시의 형식을 빌린 뛰어난 선시(禪詩)가 세상에 빛을 보게 되었습니다.

역사를 거듭하면서 선사들의 어록과 선게(禪偈), 선시가 궤짝에 넘쳐나고 경장(經藏)을 메우게 되었는데, 그 중에서도 예부터 3대 선시를 꼽습니다. 대승찬(大乘讚)과 신심명(信心銘), 증도가(證道歌)가 그것입니다.

신심명과 증도가는 널리 알려져서 누구나 다 알고 있으나, 이 대승찬은 눈여겨 보는 사람들이 그리 많지 않았습니다. 대승찬에 "만약 육도만행과 참선, 기도, 간경 등의 업을 지어 부처를 구하려 한다면, 그와 같은 업이야말로 진정 생사의 큰 조짐이다(若欲作業求佛 業是生死大兆)."라고 하였습니다. 이 한 구절만으로도 대승찬의 위대한 가르침과 그 안목의 깊음을 짐작하리라 생각합니다.

이러한 높은 견해에 감동하여 일찍이 혼자 읊조리고 천착하다가 근년에 수월(水月)과 같고 공화(空華)와 같은 인터넷 전법도량인 '염화실'을 개설하여, 시절인연에 따라 전법활동을 하면서 이 대승찬을 강의하게 되었습니다. 강의를 듣고 눈을 뜨고 지혜가 밝아진 많은 분들이 복습을 하는 의미에서 한마디 한마디를 모두 녹취(錄取)하여 다시 올려놓았습니다. 내가 읽어보니 마음에 크게 만족한 강의는 아니지만 녹취를 한 분들의 그 마음 그 정성이 고맙고, 한편 혹시라도 인연이 되어 부처님의 정법에 눈을 뜨는 작은 도움이라도 될까 하여 이렇게 다듬고 정리하여 책으로 내어놓게 되었습니다.

이 시대는 내 방에 앉아 컴퓨터에 마이크 하나만 꽂아서 강의를 하면 전 세계에서 동시에 접속하여 다 들을 수 있습니다. 이와 같은 일을 할 수 있게 하고 많은 분들이 세계 곳곳에서 함께 듣고 다시 그것을 재방송으로 올려주고 또 다시 녹취까지 하여 이렇게 책으로 볼 수 있기까지는 수많은 분들의 노고와 신심이 함께하였습니다. 한 분 한 분 일일이 소개하고 싶으나 간결하고 소박하고 자연스런 선(禪)의 정신을 생각하여 생략합니다. 그 아름다운 인연들에 깊이 머리 숙여 감사드립니다. 부디 이 인연공덕으로 부처님의 정법이 보다 널리, 그리고 오래 오래 전해지기를 기도드립니다.

   강의 내용에는 아직도 부족하고 잘못된 부분들이 많습니다. 그것을 바로잡고 보완하는 일은 뒷사람들의 몫입니다. 부디 훌륭한 강의가 다시 나오기를 기대하면서 서문에 가름합니다.

2006년 겨울 범어사 서지전 如天 無比 삼가 씀

해 제

『대승찬(大乘讚)』은 중국 위진 남북조 시대 금릉(金陵)의 지공(誌公, 418~514) 스님이 황제에게 지어 바친 글로 알려져 있습니다. 지공 스님은 당시 고구려에까지 이름이 알려질 정도로 명성이 높은 고승입니다.

짧은 시구 속에 불교의 진수를 잘 표현한 『대승찬(大乘讚)』은 제목 그대로 대승에 대한 찬탄입니다.

대승(大乘)이라는 말은 곧 대중(大衆)이라는 말입니다. 이것은 승속(僧俗), 남녀(男女), 노소(老小), 빈부(貧富), 귀천(貴賤)의 차별이 전혀 없습니다. 사람만이 아니라 모든 생명에게도 공히 해당됩니다. 대승은 '커다란 탈 것'이라는 뜻도 됩니다. 아예 바깥 경계가 없을 만큼 큽니다. 그래서 대승은 서 있는 그 자리에서 다 수용하는 것이지 어디로 문을 열고 나가거나 들어가는 일도 없습니다.

『법화경』에는 "대승(大乘)이란 곧 불성(佛性)이고, 이 세상에는 오직 부처만이 존재한다."라고 하였습니다.

'인즉시불(人卽是佛)', 이것이 대승의 종지(宗旨)입니다. 불교의 마음이고, 부처의 마음이며, 모든 조사의 마음입니다. 이것을 알고 실천하는 것이 불교의 목적입니다. 불교의 수많은 방편도 궁극에는 '사람이 부처님이다' 이 한마디를 하기 위함입니다.

지공 스님은 『대승찬』에서 소승과 대승이라고 하는 차별된 나눔에서의 대승을 말하지 않습니다. 깨달은 이들만이 맛볼 수 있는 불교 궁극의 가르침, 도달할 수 있는 최고 경지에 대한 가르침을 찬탄하는 내용으로 시종일관하고 있습니다.

『대승찬』을 쓰신 지공 스님은 중국 남조 때 스님입니다. 서기 418년에 태어나서 514년에 입적했습니다. 스님의 성은 주씨고 협서성 남쪽에 살았으며 어려서 출가를 하였습니다. 출가해서 바로 공부하게 되는 사람을 수업사(受業師)라고 하는데, 스님은 도림사의 수업사로서 승검이라고 하는 스님을 모셨습니다. 뒤에 도읍에 왕래를 했는데 일정한 거처가 없었다고 합니다.

그런데 스님은 참기(讖記)라고 해서, 예언을 잘했고, 그 예언들이 잘 맞았습니다. 스님은 시와 문장에도 능하고 사람들이 물어오는 길흉화복에 대한 대답을 해주는 데도 거리낌이 없었습니다.

스님은 지공(誌公), 보공(寶公), 보지공(寶誌公), 보지(寶誌)라고도 불리우고 음이 같더라도 뜻이 다른 한자를 쓰는 등 이름이 매우 많았다고 기록에 남아 있습니다. 시호도 많습니다. 시호라고 하는 것은 살아생전에 많이 알려지고, 민중들에게 덕화를 끼친 큰스님에게 훗날 왕이나 천자들이 그 덕을 추앙해서 내리는 이름입니다. 지공 스님은 관재대사, 묘각대사, 도림진각보살, 도림진각대사, 자응혜감대사, 보제성사보살, 일제진밀선사 등등의 시호가 많이 있습니다. 후대의 왕들까지도 지공 스님에게 시호내리는 것을 큰 영광으로 삼았던 것입니다.

스님이 태어난 시대가 남조시대인데 우리가 흔히 중국역사에서 남북조시대라고 할 때의 남조를 말합니다. 5세기에서 6세기 경에 있었던 송나라, 제나라, 양나라, 진나라 이렇게 4대의 왕조가 형성됐던 시대를 남조시대라고 합니다. 지공 스님은 세수 97세에 입적, 장수를 했기 때문에 송나라, 제나라, 양나라를 모두 살았습니다.

지공 스님이 도인스님으로서 참기를 잘하고 워낙 신이한 행적이 많아서 백성들에게 존경과 흠모를 받았지만 황제들은 그런 점을 불편해 하기도 했습니다. 송나라가 끝나고 제나라가 섰는데, 제나라 무제는 지공 스님이 길흉화복을 점쳐

민중들을 미혹시키고 현혹시킨다고 옥에 가뒀습니다.

그런데 재미난 일화가 있습니다. 분명히 제무제는 지공 스님을 옥에다 가두었는데 시내에서 매일 지공 스님이 돌아다닌다는 보고가 들어오는 것입니다. 사람들이 이상하게 여겨 옥에 가서 살펴보면 옥에도 분명 지공 스님이 있었습니다. 혹세무민한다고 옥에 가두었는데 오히려 신통이 대단하다고 스님을 추앙하는 사람들이 늘었습니다.

제무제가 그 이야기를 듣고는 이렇게 옥에 가둘 분이 아니다라고 해서 스님을 화림원이라고 하는 곳에 모셨습니다. 하지만 잘 대접하긴 해도 화림원 밖으로 나가지 못하도록 출입을 엄금시켰습니다. 그런데 스님은 화림원에 갇혀 있다고 해서 크게 구속을 받지 않았습니다. 용광사라든지 개빈사, 흥황사, 점룡사 등의 사찰에 항상 놀러다녔고 나타나셨다 하는 기록이 있습니다.

그 후로 제나라가 망하고 양나라가 섰는데, 그때 임금이 소위 달마(達磨) 스님과의 유명한 일화가 있는 바로 그 양무제(464~549)입니다. 『벽암록(碧巖錄)』에 보면 서기 520년쯤 인도에서 막 중국으로 온 달마 스님에게 양무제(梁武帝)가 묻습니다.

"짐이 즉위한 후로 스님들을 보호하고 불탑과 사찰을 건립하는 등 많은 불사를 했는데 얼마나 공덕이 큽니까?" 그러자 달마 스님은 "없다."라고 합니다. 당황한 무제는 "그렇다면 무엇이 불법의 근본인 성스러운 진리입니까?" 하고 묻습니다.

달마 스님은 "만법은 텅 빈 것, 성스럽다고 할 것이 없다."라고 다시 답합니다. 양무제가 달마 스님에게 "나와 마주하는 그대는 누구입니까?" 하고 묻습니다. 양무제의 마음 속에는 '달마 스님 당신은 성스럽지 않습니까?' 하는 성과 속을 가르는 마음이 있었습니다. 그것을 갈파한 달마 스님은 "알 수 없다(不識)."라고 잘라 말합니다.

'성과 속이 다를 바 없다'는 달마 스님의 말을 양무제는 미처 깨닫지 못하였고, 마침내 달마 스님은 양자강을 건너 위(魏)나라로 갑니다.

양무제는 달마 스님과의 대화를 지공 스님에게 말합니다. 지공 스님이 양무제에게 달마 스님이 누군지 아느냐고 묻습니다. 양무제는 "모르겠습니다(不識)."라고 대답합니다. 달마 스님이 말한 '불식(不識)'과는 의미가 다른 무지에 의한 불식입니다.

지공 스님은 "그는 관음대사이며, 부처님의 정법을 계승한 사람입니다."라고 대답을 합니다. 양무제가 그제서야 깨닫고 깊이 후회하고는 사신을 보내어 달마 스님을 다시 초빙하고자 합니다. 그러나 지공 스님이 말합니다.

"그만두십시오. 온 나라 사람이 모시러 가도 그는 돌아오지 않을 것입니다."

달마 스님의 입적연도는 확실치 않으나 528년으로 추정하고 있습니다.『벽암록』에는 지공 스님이 등장하지만, 지공 스님의 입적연도와도 맞지 않습니다. 그러나 어쨌든, 지공 스님은 양무제의 무지를 깨우치기 위한 조언을 하는 스님으로 등장할 정도로 도가 높았고, 또 이미 그 대화 속에는 '성과 속이 다 하나이며 그것은 공이다' 라고 하는 지공 스님의 깨우침의 요지,『대승찬』에서 말하려고 하는 핵심이 다 드러나 있습니다.

양무제는 불교에 대한 신심이 대단한 황제이므로 건국을 하고 나자 지공 스님을 속박하는 제한을 풀어버리고 가까이 모셔다가 늘 불교에 대한 이야기를 듣곤 했습니다. 양무제와 지공 스님의 대화 중에 지공 스님의 말씀은 항상 경과 논의 뜻을 그대로 설한 것이라는 기록이 있습니다.

지공 스님이 세수 97세로 열반에 들자 양무제는 묘를 썼습니다. 원래 불교에는 화장의 풍습이 있는데 기이한 분들은 그렇게 묘를 쓰기도 합니다. 지공 스님의 묘 옆에다가 스님의 묘를 지키는 개선사라고 하는 사찰을 세웠다고 하는 기록도 전해집니다.

스님에 대한 기록은『불조역대통재(佛祖歷代通載)』,『양고

승전(梁高僧傳)』,『보화산지』,『신승전(神僧傳)』 등 여러 책에 나와 있습니다. 특히 신승전이라고 하는 것은 아주 신비한 스님들에 대한 기록인데 이런 책에 기록되어 있다는 것만 보아도 도사다운 특이한 스님의 이력을 알 수 있습니다.

지공 스님이 남긴 글들은『문자석훈』30권,『십사과송』14수,『십이시송』12수,『대승찬』10수가 있습니다. 보통 기록에는 이렇게『대승찬』10수라고 하는데 우리가 알고 있는 것은『대승찬』한 편이기 때문에 10수라고 하는 것은 상징적인 숫자가 아닌가 하는 생각도 해봅니다.

『대승찬』이나『신심명』,『증도가』는 모두 불교사상사에서는 중요한 위치를 차지하는 글들입니다. 또 이 글들이 나올 때의 중국불교는 굵직한 인물들이 100년 상간으로 등장하고 민간에는 도교가 성행했지만, 불교 역시 화려하게 개화를 하려는 시점입니다.

먼저 중국에서 경전을 가장 많이 번역을 한 구마라집(鳩摩羅什:343~413) 삼장(三藏)의 열반이 413년입니다. 지공 스님은 514년에 열반을 하였으니 구마라집 삼장의 입적 후 100년의 세월이 지난 후입니다. 때문에 지공 스님은 선의 제1조가 되는 달마 스님 이전 사람이지만 이미 구마라집 삼장이 전해놓은 수많은 경전을 다 접할 수 있었고, 이를 통해 중요한 불교

경전 및 저작들을 거의 대부분 읽을 수 있었을 것입니다.

지공 스님이 514년에 열반한 후, 『신심명』을 지은 3조 승찬 스님은 606년, 『증도가』를 지은 영가 스님은 713년에 열반하였습니다. 중국에 경전을 전해오고 번역한 구마라집 삼장, 지공 스님, 승찬 스님, 영가 스님 등 중국불교계의 걸출한 산들이 100년 상간으로 이렇게 큰 산맥을 이루고 있습니다. 물론 지공 스님과 3조 승찬 스님 사이에는 선의 제1조 달마 스님이 있습니다. 선가에 두고두고 내려오는 중요한 저서로서 『신심명』이 있지만 『대승찬』이 『신심명』보다 앞선 저술이므로 당대 사람들에게 미친 영향도 짐작해 볼 수 있습니다.

같은 도를 깨달았다 하더라도 『신심명』은 네 글자씩 대구를 이루어 글이 짧고 그 말은 부드럽고 의미심장하며 푹 삭은 글맛을 냅니다.

영가 스님의 『증도가』는 일곱 자로서 글이 풍부하면서도 어딘가 날카로운 데가 있고 기백이 넘치며 팔팔해서 함부로 가까이 할 수 없는 고준한 맛을 느낄 수 있습니다.

저는 2006년 2월부터 〈인터넷 전법도량 염화실〉의 온라인 방송에서 『신심명』, 『증도가』, 『대승찬』 세 가지 법문을 강해하였습니다. 세 분 모두 도인으로서 큰 깨달음을 성취하셨고, 독특한 삶을 사셨던 분들이어서 그분들의 깨달음의 정신을 가까이 할 수 있는 더없이 좋은 기회였습니다.

『대승찬』은 『신심명』이나 『증도가』와 마찬가지로 선시 형식으로 여섯 자씩 한 구를 이루는 정형시 형식을 띠고 있습니다. 그 형식이야 어떻든 『대승찬』, 『신심명』, 『증도가』 이 세 저작은 거의 200년 상간에 이루어진 불교의 명저 중에 명저입니다.

『신심명』이나 『증도가』의 명성에 밀려 『대승찬』은 조금 덜 알려진 감이 있지만 이 시대에 불교공부를 하는 사람으로서 『대승찬』도 한 번 음미하고 마음에 깊이 새기고 넘어가야 하지 않겠는가, 하는 마음이 들어서 이렇게 정리하여 강의를 하고, 강의한 것을 토대로 책을 내게 되었습니다.

'대승의 길이야말로 진정한 불교의 길이고 불교의 최종목표요, 불교의 처음이자 끝이다' 라는 말씀을 강조하고 싶습니다.

위대하신 지공 스님의 『대승찬』을 어찌 속속들이 다 이해하겠습니까마는 '내가 이해한 만큼' '내 그릇만큼'이라도 선사의 위대한 깨달음의 노래를 맛볼 수 있고, 거기에 어떤 법희선열을 느낀다면 참으로 다행한 일이고 큰 행운이라고 하겠습니다. 『대승찬』을 소개해서 저도 공부하고, 여러분들에게도 함께 공부할 수 있도록 한 것이 저에게는 아주 큰 이익이라는 생각이 듭니다.

1.

큰 도는 항상 눈앞에 있으나
비록 눈앞에 있어도 보기는 어렵다

大道常在目前이나 **雖在目前難覩**라
대도상재목전　　　　수재목전난도

설명하기 쉽게 번호를 붙여놓았습니다. "대도상재목전(大道常在目前)이라, 대도(大道)라는 것은 항상 목전(目前)에 있다."라고 했습니다. 『신심명』의 맨 첫 구절도 '지도무난(至道無難)'입니다. 지극한 도는 어렵지 않다, 어렵지 않다면 바로 목전에 있다는 뜻이 됩니다.

대도(大道)나 지도(至道)나 같습니다. 그냥 도라고 해도 상관은 없습니다. 불도(佛道), 선도(禪道), 도(道), 지도(至道), 대도(大道), 다 똑같은 뜻입니다.

지극한 도란 무엇이겠습니까? 저는 이것을 불교에서 말하는 '가장 이상적인 삶'이라고 말하고 싶습니다. '제대로 된 행복' '참 나의 삶' '진정한 행복' '가장 행복한 삶'이라고 바꿔 말해도 좋습니다. 문제가 다 떨어져 나간 삶이 이 대도의 삶입니다.

지공 스님은 특별히 『대승찬』을 시작하며 '대도'라는 말을 썼고, 이 후에 나오는 구절도 '약욕오도진체(若欲悟道眞體)'라 해서 '도(道)'라는 말을 다시 씁니다. 그 밑에도 '언어즉시대도(言語卽是大道)'라고 말씀하십니다.

첫머리 세 구절에서 연이어 도(道)라는 말을 사용하고 있습니다. 이것은 불교의 시작과 중간과 마지막, 궁극이 모두 도이기 때문입니다. 우리는 한순간도 도에서 떠나 살 수 없습니다. 시간적으로도 그렇고 공간적으로도 이 도의 목전에서 벗어날 수 없습니다. 목전(目前)이라고 하는 것은 지금 우리가 말하고 듣는 이 순간, 이 자리, 이 사실입니다. 또 도는 견문각지(見聞覺知), 보고, 듣고, 느끼고, 알고, 부르면 대답할 줄 아는 모든 일체 작용을 말합니다.

제가 좋아하는 명구에 '심춘(尋春)'이라는 것이 있습니다. 봄을 찾는다는 뜻입니다. 어떤 사람이 봄을 찾아 집을 나섰습니다. 그 사람은 하루 종일 문 밖에 봄이 있을까 하여 구름 감도는 언덕배기를 돌거나 아지랑이가 일렁이는 곳을 쫓아갔습니다. 그래도 번번이 허탕을 치고 봄을 찾을 수가 없었습니다. 한참을 그렇게 돌아다닌 끝에 실망과 피로에 지쳐 집으로 돌아오기로 했습니다.

그러다가 거의 집에 다다라서 문득 코를 찌르는 미묘한

향기를 맡게 되었습니다. 고개를 들어보니 집 앞 매화나무 가지에 매화꽃이 잔뜩 피어 향기가 가득했습니다. 그제서야 그 사람은 봄을 찾았다고 무릎을 쳤습니다. 이 의미심장한 이야기는 송나라 어느 비구니 스님의 오도송이라고도 합니다.

봄을 찾는다는 것은 무엇이겠습니까? 행복을 찾는 것이요, 나를 찾는 것이요, 지극한 도를 찾는 것이요, 부처를 찾는 것입니다. 그런데 그 모든 것이 바로 목전에 있는 것이고, 바로 이 순간에 있는 것입니다.

우리는 어떻습니까? 사는 것은 현재지만, 생각은 늘 미래에 가 있고, 과거에 머물러 있습니다. 열이면 열, 현재에 만족하며 살고 있는 사람은 흔치 않습니다. 우리는 미래의 어떤 일을 생각하고 미래의 어떤 나의 모습을 떠올리면서 현재를 희생하고, 현재의 행복을 미뤄두는 데 익숙합니다. 오직 현재가 미래를 위해서만 존재하는 것을 미덕으로 여깁니다. 그러나 불교에서는 그러한 것을 미덕으로 삼지 않습니다.

불교에서는 지금 현재, 바로 이 곳에서의 행복을 누리라고 합니다. 설령 내가 미래의 어떤 일을 생각해서 기뻐한다고 해도, 그 기쁨은 결국 현재의 기쁨일 뿐입니다. 미래에 일어날 것이라고 해서 미래의 것이 아닙니다. 설령 시간이 지나 그 일이 이루어져 또 다시 기쁨을 느낀다 해도 그 때 역시

'현재의 기쁨'일 뿐입니다.

모든 것은 현재를 떠나서 존재할 수 없습니다. 이 지극히 단순한 사실을 간과해서 현대인은 너무 많은 고통을 받고 있습니다. 일어나지 않은 고통, 이미 지나가 버린 고통 때문에 현재를 만족스럽게 살지 못한다면 이처럼 어리석은 일이 또 있겠습니까?

'대도상재목전(大道常在目前)'이라는 말을 이렇게 푸는 것은 다소 무리가 있을지 모르겠습니다. 그러나 일단 어떻게 하더라도 대도(大道)라고 하는 그 본질에 가까이 접근할 수 있는 것이 중요하다고 생각합니다. 그래서 가능하면 풀 수 있는 만큼 글과 말을 풀어서 쉽게 이해하고, 이해한 것을 근거로 보다 높고 깊은 뜻에 다가갈 수 있다면 이 또한 방편이 아니겠는가, 하는 생각을 해봅니다. 결국은 '사람의 삶이 곧 부처의 삶'이라는 것에 이르기 위한 방편입니다.

"수재목전(雖在目前)이나 난도(難覩)라, 비록 눈앞에 있지만은 보기 어렵다." 항상 있지 않는 무언가에 초점을 맞춰놓고 늘 소망하고 기다리고 있어서는 우리가 그토록 찾고 있는 행복은 요원합니다. 지금 이 순간에 만족해야 되고 이 순간에서 모든 문제해결을 찾아야 합니다. 작은 행복이나 만족도 이러한데, 도라고 하는 것은 더 말할 나위도 없습니다.

2.
만약 도의 참된 본체를 깨닫고자 하면
소리와 형색과 언어를 제거하지 말라

若欲悟道眞體하려면 **莫除聲色言語**하라
약욕오도진체   막제성색언어

"약욕오도진체(若欲悟道眞體)하려면, 만약에 도의 참된 본체를 깨달으려 한다면, 막제성색언어(莫除聲色言語)하라, 소리를 듣고〔聲〕, 보고〔色〕, 말하는〔言語〕 이 모든 일, 우리가 현재 하고 있는 일을 제거하지 말라." 도는 이 일 밖에, 또 따로 있는 게 아니라는 뜻입니다.

대단히 중요한 이야기입니다. 우리는 여기에서 눈을 떠야 합니다. 그렇지 못하면 달리 다른 데서는 눈뜨기가 어렵습니다. 방이나 할을 통해서 눈을 뜬 것도 그대로 우리가 지금 보고, 듣고, 말하고 있는 이것과 하나도 다를 바가 없습니다.

임제 스님이 얻어맞고 눈을 떴든지 구지 스님이 손가락을 세우는 걸 보고 눈을 떴든지 간에 역시 같은 것입니다. 성색언어(聲色言語)일 뿐입니다. 어떤 행위를 보이고, 어떤 말을 하더라도 현재 우리의 성색언어에 도의 진체(眞體)가 있다, 도의 참모습이 있다는 것입니다.

'약욕오도진체(若欲悟道眞體)', 만약에 도의 참모습을 깨닫고자 한다면, 지금 현재 우리가 말하고 있는 소리, 듣고 있는 소리, 우리의 육신을 위시한 모든 존재, 모든 사물, 언어, 이런 것들을 제거하지 말라.

귀에 들리는 일체 소리를 제외하고 따로 무슨 도가 있겠습니까? 눈에 보이는 모든 현상들을 떠나서 무슨 도가 있겠습니까? 소리가 있어서 듣고, 모습이 있어서 보는 일들이 삶이며 도입니다. 언어로써 그와 같은 사실을 설명합니다. 부처님도 49년간이나 당신이 깨달으신 도를 언어로써 설명하지 않았습니까? 역대 조사들도 언어로써 도를 설명하였고, 그 말씀을 기록한 책들이 산처럼 쌓여 있으며, 저도 지금 도를 설명하느라고 이렇게 말을 대신한 문자를 쓰고 있습니다.

대체로 다른 어떤 것에 도가 있다고 자꾸 생각하는데, 일체 우리가 현재 보고 듣는 이 행동 이 사실에서 벗어나 있는 어떤 것이 도가 아니다, 하는 이야기가 되겠습니다.

3.
언어가 곧 큰 도이니
번뇌를 끊어 제거할 필요가 없다

言語卽是大道라 **不假斷除煩惱**하라
언 어 즉 시 대 도　　불 가 단 제 번 뇌

"언어즉시대도(言語卽是大道)라, 우리가 말하는 것, 듣는 것, 이 사실이 그대로 큰 도다." 이것이 참 나이고, 가장 이상적인 사실이고, 그토록 찾아 헤맸던 열반의 봄이고, 성불의 봄이며, 깨달음의 봄이라는 것입니다.

'언어즉시대도', 이건 정말 전무후무한 말씀이라고 할 수가 있습니다. 중국불교에 선풍이 불기도 전, 달마 스님 이전의 선대스님이었던 지공 스님이지만 이후에 누구도 이 구절처럼 시원하게 말씀하신 바가 없습니다. 지공 스님의 뛰어난 점이요, 이런 구절을 만나는 기쁨이 『대승찬』을 공부하는 보람이라고 하겠습니다.

대개 "달을 가리키면 달을 봐야지 손가락을 보아서는 안 된다"라는 말에 익숙합니다. 말은 손가락이라는 것입니다. 그러니 말은 가짜다, 달이 진짜다, 언어문자는 달 가리키는 손가락이다, 이렇게 말합니다. 그런데 지공 스님에게서는 천만의 말씀입니다. 말하고 말 듣는 그것이야말로 '달 가리키는 손가락'이 아니라 '바로 달'이라는 것입니다. 그걸 가지고 손가락이다 뭐다 시비할 게 없다는 이야기입니다. 지공 스님이 논하는 이 자리는 벌써 '달을 가리키는 손가락' 같은 차원을 훌쩍 뛰어넘은 자리가 된 것입니다.

우리가 확철대오해서 눈을 크게 뜬 입장이 아니더라도, 나름의 깜냥과 불교 상식을 가지고 천천히 사유해 보면 이해가 되는 부분일 것입니다. 이해하고 보면 새삼 이 말씀이 시원하다는 것을 알게 됩니다.

"불가단제번뇌(不假斷除煩惱)하라", 번뇌를 끊어서 제거하는 것을 빌리지 마라, 가차(假借)하지 말라고 했습니다. 불교에서는 '거짓 가(假)'자를 '빌리다' '가차하다'라는 뜻으로 해석합니다.

'불가단제번뇌', 번뇌를 끊어 제거하려고 하지 말라는 이 말씀 역시 시원한 말씀이고, 듣는 사람의 마음을 탁 놓게 해줍니다. 번뇌를 끊으려고 할 필요도 없다, 말이 방편이니, 달 가리키는 손가락이니 그런 소리도 할 것 없다, 벌써 문제가 다 해결되었다는 것입니다. 우리는 얼마나 많이 이 번뇌 때문에 괴로워합니까? 그런데 그 번뇌를 끊을 필요도 없이 다 해결되었다는 것입니다.

　같은 언어를 가지고 도를 표현하면서, 이렇게 시원스럽게 직언하는 예도 드뭅니다. 바로 드러내보이는 그야말로 직설입니다. 지공 스님의 눈앞에 대도가 있고, 그것을 이렇게 말로 풀어주니까 우리는 그것을 그런 대로 짐작을 하게 되고 알게 됩니다. 만약에 설명해주지 않는다면, 하루 종일 써도 쓰는 줄도 모르고, 그 속에 있어도 있는 줄을 모릅니다. 그래서 뛰어난 경전이나 어록, 깨달음의 내용이 있다 해도 모르는 것입니다. 그래서 그것을 말로 풀어주는 것은 중요하고 값진 일입니다.

　뿐만 아니라 그런 말씀을 들으려는 태도도 중요합니다. 한마디로 이렇게 시원한 말씀을 듣는 일이 그렇게 쉽게 만나는 일이 아니라는 것입니다. 보물이 있어도 등불이 없으면 볼 수가 없고, 태양이 아무리 밝아도, 봄빛이 저렇게 아름다워도 눈에 문제가 생겨 사물을 볼 수가 없으면 그 아름다움을 볼 수가 없습니다. 보물은 도이고, 등불은 설법이고, 우리의 눈은 마음의 준비입니다.

　돈이 생기는 것도, 밥이 생기는 것도 아닌, 그 무엇도 생기는 것이 없는데도, 대단한 깨달음이 있고 대단한 법희선열이 여기 있습니다. 그것을 느낄 줄 알고 즐길 줄 아는 깨끗한

복, 청복(淸福)은 청정한 마음에서 옵니다. 청정한 마음이란 '도'라고 표현할 수 있는 진정한 가치에 대한 이해와 관심입니다. 그러한 이해와 관심이 있으므로 이러한 깨달음을 재미있어하고 즐길 줄 알고 눈을 뜨는 청복이 돌아오게 된 것입니다.

4.
번뇌는 본래 텅 비고 고요하지만
망령된 생각이 번갈아 서로 얽히네

煩惱本來空寂이나 妄情遞相纏繞로다
번뇌본래공적　　　망정체상전요

『대승찬』은 특별한 사정이 없으면 월요일부터 금요일까지 저녁 7시 30분부터 8시까지 〈인터넷 전법도량 염화실〉의 온라인 방송을 통해 생방송으로 강의했습니다. 가상의 공간이지만 그 시간이 되면 대화창에 회원들의 아이디들이 구름처럼 몰려오고, 강의가 끝나면 또 흔적없이 사라지는 것을 보면서 '신기하다'는 생각을 했습니다. 그리고 우리가 인터넷을 이해하듯이 실생활을 이해한다면 깨달으신 분들의 안목을 좀더 쉽게 이해할 수 있지 않나 하는 생각을 해보았습니다.

깨달으신 분들의 안목으로 보는 현실세계는 가상입니다. 공한 것이요, 인연에 의해 잠깐 머물러 있는 존재일 뿐 집착할 만한 것이 아닙니다. 인터넷이 분명 존재해서 법회도 보고 편리하게 사용하지만, 또 어떻게 보면 '있는 것이 아니다'

라고 할 수 있듯이 깨달은 분들은 인생과 세상을 그렇게 본다는 것입니다.

우리는 인터넷이 없으면 생활하기 힘들 정도로 유용하게 쓰면서도, 그것에 대해 집착하고 아등바등하면 '중독'이라고 걱정하며 치료해야 한다고 합니다. 마찬가지로 우리가 현실, 인생을 그렇게 볼 줄 알면 얼마나 홀가분하겠습니까?

그래서 『대승찬』의 '번뇌본래공적(煩惱本來空寂)'이라는 구절을 설명하기에 앞서 제가 지은 글을 인터넷 법회에 잠깐 인용하였습니다.

> 물에 어린 달그림자 도량 가없이 넓고
> 환영 같은 대중들은 구름처럼 모이어
> 인연 없는 인연을 깊이 맺어서
> 꿈속 같은 불사를 크게 이루고
> 최상의 불법을 다 배워서
> 나도 너도 일시에 보리 이루리

水月道場廣無邊　幻化大衆如雲集
수월도량광무변　환화대중여운집

無緣之緣深結緣　夢中佛事大成就
무연지연심결연　몽중불사대성취

無上佛法悉修學 自他一時證菩提
무상불법실수학 자타일시증보리

 2004년 11월 22일 인터넷 카페에 제가 좋아하는 〈염화실〉이라는 이름을 붙여서 수월도량을 지어놓고, 수많은 사람들과 인연 아닌 인연을 지으면서 생각해왔던 바입니다. 부처님의 〈인터넷 전법도량 염화실〉만큼 수월도량(水月道場)이라는 말이 어울리는 도량이 없겠다는 생각을 해보았습니다. 옛 성인들의 말씀에도 수월도량이나 환화중생(幻化衆生), 몽중불사(夢中佛事)라는 말이 많이 보입니다. 우리가 실재한다고 믿고 있는 현실을 물에 비친 달그림자와 같이 보았으며 중생이라는 것도 환상과 같이 알고 불사를 짓는 일도 모두가 꿈속의 일이라고 꿰뚫어 알고 있었습니다. 그렇게 보고 아는 것이 곧 중도정견(中道正見)입니다. 그러니 부처님의 정법을 전하는 도량이지만, 결코 그것 자체에 집착해서는 안 된다고 스스로에게도 다짐해 보고 생각날 때마다 회원들에게 일러주기도 합니다.

 『대승찬』의 네 번째 글도 "번뇌본래공적(煩惱本來空寂)이나 망정체상전요(妄情遞相纏繞)로다"라고 했습니다. 이 번뇌라고 하는 것은 망정(妄情)과도 같다고 할 수 있습니다. 번뇌(煩惱)

라고 하는 것은 명암(明暗)의 대상인 암(暗)입니다. 밝은 것과 어두운 것이라 할 때, 그 대상인 어둠을 번뇌라 합니다. 또 맑은 물과 흐린 물의 관계에서 흐린 물을 번뇌라고 봅니다.

그런데 그것은 본래 공적하다, 없다는 것입니다. 알기 쉽게 설명을 한다면 밝은 공간은 어떤 환경에 의해서 어두워집니다. 해가 넘어갔다든지 불이 꺼졌다든지 하는 환경 말입니다. 그러니까 어둠이라는 게 붙박이로 어디 숨어있던 것이 아니라, '빛이 없다' '빛이 있다' 하는 조건에 따라 '생기기도 하고' '없어지기도 한다'는 것입니다. 잡을 수도, 담을 수도, 항상 있는 것도 아니니 어둠은 실체가 없습니다. 어둠만이 아닙니다. 번뇌라고 표현한 우리 마음의 어둠도 이와 같이 실체가 없습니다. 그래서 본래 공적하다 했습니다.

깨달으신 분의 안목으로 보면 본래 공적한 것을 우리는 망령된 생각으로 번갈아가면서 이렇게도 보고 저렇게도 봅니다. 자꾸 좋다, 싫다, 옳다, 아니다 등 상대적인 것들을 캐내면서 거기에 꽁꽁 매이고 얽혀들어 고통을 자초합니다.

망정체상전요(妄情遞相纏繞)입니다. 망령된 마음으로써 상반된 것으로 보아 거기에 얽힙니다. 그러나 그렇게 얽힐 까닭이 없는 것입니다. 번뇌라는 것이 본래 존재하는 것이라면 얽히겠는데, 번뇌는 본래 존재하는 것이 아니기 때문에 있지도 않은 것에 우리가 얽힐 까닭이 없습니다. 쓸데없는 생각을 일으켜서 번갈아가면서 얽히고 마음을 산란하게 하는 망령된 마음만 버리면 그것은 곧 고요해지는 것입니다.

깨달은 사람의 입장에서는 이 모든 것들이 환하게 보입니다. 그러나 보이는 실체가 따로 있는 것이 아닙니다. 번뇌니 보리니 하는 상대적인 것은 아무 것도 없이 오직 텅 빈 공간만 있습니다. 사실은 부득이 표현을 하자니 '텅 빈 공간'이 있다고 하는 것이지, 그 또한 본래 없습니다.

5.
모든 것은 그림자 같고 메아리 같으니
무엇을 싫다 하고 무엇을 좋다 할지 알 수가 없다

一切如影如響인데　　不知何惡何好리오
일 체 여 영 여 향　　　　부 지 하 오 하 호

일체여영여향(一切如影如響)일 뿐입니다. 망령된 생각으로 분별하는 일체 상대적인 모든 것들이 그림자와 같고 메아리와 같습니다.

일체(一切)라고 하는 것은 이 세상 모든 것입니다. 그것은 『신심명』의 일체이변(一切二邊)에서 말하는 바와 같이 일체 상대적인 것으로, 우리가 망령되이 스스로 헤아리고 저울질해서 이렇게 저렇게 얽히고 설켜 복잡하게 나열시킨 것입니다. 우리가 내는 온갖 분별심은 모두가 그렇게 그림자요, 메아리 같으니 '부지하오하호(不知何惡何好)', 무엇을 싫다할 것이고 무엇을 좋다할 것인지 알지 못하도다. 여기서 '오(惡)'는 '미워할 오'로 읽습니다.

전부 그림자인데, 그림자를 가지고 좋다 나쁘다 할 사람이 누가 있습니까. 우리가 밤에 꿈을 꿀 때는, 그 속에서 아무리 다치고 상처를 입어도 전혀 아프지도 않고 싫을 것도 없습니다. 반대로 큰 벼슬을 하거나 횡재를 했다 하더라도 좋아할 것도 없습니다. 꿈은 오직 꿈일 뿐입니다. '하오하호(何惡何好)', 무엇이 싫고 무엇이 좋은지 도대체 알 길이 없다, 그럴 것이 없다는 말입니다.

저는 깨달으신 분들을 인생에 대한 차원 높은 전문가라고 부르기를 좋아합니다. 모든 존재의 실상을 제대로 볼 줄 아는 전문가의 눈은 다릅니다. 예술품을 분별하는 데도 마찬가지입니다. 애지중지하던 소장품을 전문가로부터 감정 받아 보면 불과 몇 만원짜리 모조품이거나 복사품이라는 것이 드러나는 경우를 종종 봅니다. 그와 같이 우리가 애지중지하는 육신도 재산도 권속들도 명예도 부처도 중생도 번뇌도 보리도 실은 전문가의 안목으로 보면 모두가 꿈속의 일이요, 환상이요, 물에 어린 달그림자입니다.

이것을 깨달으면 그뿐입니다. 불교는 깨달음의 종교입니다. 자신의 모든 인생을 걸고 깨달음 하나를 얻으신 전문가의 안목으로 세상을 보면 삶이 바로 꿈과 같은데, 꿈 속 일을 뭘 그렇게 애지중지하고 싫어하고 좋아하는 마음이 있겠습니까?

참으로 시원한 말씀입니다. 이 말씀 한 가지만이라도 깊이 사유하여 삶의 순간순간에 맞닥뜨리는 문제에 적용해 볼 수 있다면 우리가 지공 스님의 『대승찬』을 공부하는 보람이 있겠습니다. "모든 것은 그림자 같고 메아리와 같은데, 무엇을 싫다 하고 무엇을 좋다 할지 알 수가 없다."

6.
마음을 가지고 모양을 취하여 진실로 여기면
끝내 견성할 수 없음을 반드시 알아야 한다

有心取相爲實이면 **定知見性不了**리라
유심취상위실　　　　정지견성불료

"유심취상위실(有心取相爲實)하면", 마음을 두어 형상을 취해 실다운 것으로 여긴다는 뜻입니다. 내가 하는 일, 내가 갖고 있는 어떤 사물, 나와 인연 맺은 사람, 무엇이 되었든 이 모든 것들이 전부 유심취상(有心取相), 마음이 거기 담겨서 형상을 취한다는 것입니다. 우리는 형상으로 만든 것을 실다운 것이라고 여기며 살고 있습니다. 그러므로 형상이 중요하고, 형상을 제일 가치로 생각하는 입장이 됩니다.

그런데 그렇게 마음을 두어 형상 취한 것을 실다운 것이라고 여기면 정지견성불료(定知見性不了), 견성할 수 없음을 결정코 알게 될 것입니다. 견성이 본래 자기 성품을 보는 것이고, 여래를 보는 것이라면 형상에 끄달리고 집착해서는 결코 볼 수 없다는 것입니다.

『금강경』사구게에 "범소유상 개시허망 약견제상비상 즉

견여래(凡所有相 皆是虛妄 若見諸相非相 卽見如來)"라고 했습니다. '모든 상을 상이 아닌 줄로 보면 비로소 여래를 볼 수 있다'는 뜻입니다. 성품이라고 하는 것, 그것이 바로 여래입니다. 여래나 성품자리는 형상이 아닙니다. 그러니까 형상에 끄달리고, 형상에 집착하고, 형상에 내 인생의 가치를 싣고 산다면 형상 없는 여래, 성품자리를 보기가 아주 어렵다는 것입니다. 결국 무엇이겠습니까? 본래 형상 없는 것을 가지고 마음을 내어 자꾸 형상으로 지어서는 안 된다는 것입니다.

7.
업을 지어 부처를 구하려 한다면
업이 바로 생사의 큰 조짐이다

若欲作業求佛이면　業是生死大兆니라
약욕작업구불　　　업시생사대조

"약욕작업구불(若欲作業求佛)이면 업시생사대조(業是生死大兆)니라", 만약에 업을 지어서 부처를 구하고자 한다면 업이라고 하는 것은 생사의 큰 조짐이니라고 하였습니다. 이 말은 조사스님들도 자주 인용하는 유명한 말입니다.

여기서 업이라고 하는 것은 팔만사천방편문(八萬四千方便門) 모두를 말합니다. 참선, 기도, 주력, 간경, 사경, 보시, 지계, 인욕, 정진, 선정, 지혜 등등 불교 수행의 온갖 방편문이 얼마나 많고, 이것을 우리는 또 얼마나 애지중지하고 있습니까? 우리가 생각하는 악업이나 중생업만이 업이 아니라, 선업도 역시 업이고 부처의 업도 불업(佛業)입니다. 보살업, 불업이라는 말은 경전에도 많이 나옵니다. 업이라는 말을 부정적으로만 생각할 것은 아닙니다. 그러나 지금 우리가 살펴보고 있는 대승의 차원에서 본다면, 선업과 불업이라는 것도 견성과는 거리가 멀어지는 업이라는 것입니다.

육바라밀 닦는 일이 좀 좋은 일입니까? 또 불교에서 권장하는 불자의 실천 덕목으로 아주 소중하게 다루고 있지 않습니까? 그러나 대승의 입장에서는 그것도 역시 업이라고 냉정하게 말합니다. 육바라밀 닦아서 부처가 되려고 할 것 같으면 이것은 생사의 조짐이다, 생사를 벗어나는 것이 아니라 오히려 생사 속으로 빠져드는 원인이 된다, 라고 말하고 있는 것입니다.

생사윤회를 자르고 깨달음을 얻고자 하는데, '생사 속에 빠져드는 큰 조짐이며 큰 원인이 된다'라고 했으니 이거 참 어디서나 듣기 쉬운 말이 아닙니다. 어느 종교에서도 이렇게 말할 수는 없습니다. 그런데 바로 이 말씀이야말로 과연 불교답다고 할 수 있습니다. 조사스님들의 어록을 보면 이 말씀을 종종 인용합니다.

『대승찬』에서 이미 이렇게 말씀하셨으니, 지공 스님의 후배가 되는 눈 밝은 조사스님들이 이런 직설을 놓칠 리가 없습니다. "업을 지어서 부처를 구할 것 같으면, 생사 속에 빠져드는 큰 조짐이 된다."

8.
생사의 업이 늘 몸을 따르니
캄캄하고 어두운 감옥 속에서 아직 깨닫지 못한다

生死業常隨身이니 **黑闇獄中未曉**로다
생 사 업 상 수 신　　　흑 암 옥 중 미 효

"생사업상수신(生死業常隨身)이니 흑암옥중(黑闇獄中)에 미효(未曉)로다, 생사의 업이 항상 몸을 따라다니니 캄캄한 감옥 속[黑闇獄中]에서 깨닫지를 못한다."

흑암옥중이라는 말은 캄캄한 감옥이라고 해석했지만, 그야말로 이치에 어두운 것을 뜻합니다. "육바라밀(六波羅蜜)을 지어야 부처가 된다"는 말은 불자들의 상식인데, 그런 상식에 떨어져 있는 것이야말로 바로 캄캄한 옥중에 있는 것이라고 말합니다. 선업을 지으면 당분간은 좋은 과보도 받을 수가 있을 것입니다.

그러나 『증도가』에서는 "주상보시 생천복(住相布施 生天福)이니 유여앙전사허공(猶如仰箭射虛空)이라" 했습니다. '상에 머물러서 보시를 행하는 것은 하늘에 나는 복이니 마치 화살을 하늘을 향해서 쏘는 것과 같다'는 것입니다. 화살은 올라가는 힘이 다하면 도로 떨어집니다. 그런데 떨어질 때는 가속도가 붙어서 땅에 깊이 꽂힙니다.

우리가 잘 아는 달마 스님과 양무제의 대화도 역시 같은 이야기입니다. 양무제는 불교를 좋아해서 복(福)을 아주 많이 지었습니다. 어마어마한 복을 많이 지었는데 달마 스님은 양무제에게 공덕이 하나도 없다고 하였습니다. 복을 많이 지어서 천상락(天上樂)을 받을지는 몰라도 정말 자성을 깨쳐서 부처가 되는 것하고는 거리가 멀다는 뜻입니다. 그런 것이 바로 흑암옥중입니다.

'복진타락(福盡墮落)'이라는 말도 있습니다. 복을 많이 지으면 천상락을 누리지만 그 복이 다하면 보다 더 못한 상황을 맞이하게 된다는 뜻입니다. 그래서 수행자는 복을 삼생(三生)의 원수라고 봅니다. 짓느라고 한 생을 허비하고, 받느라고 한 생을 허비하고, 또 받고 나서는 더 타락하니까 현재보다도 더 못한 상황에서 또 한 생을 허비하게 된다는 말씀입니다. 참 우리로서는 아픈 소리입니다. 그렇지만 이런 말씀 한 마디가 진정한 불교가 무엇인가를 보여줍니다. 불교는 끊임없이 공부를 해서 내가 알고 있는 불교 상식을 끝없이 수정해 가야 합니다.

그럼에도 우리 자신을 생각해보십시오. 우리는 저마다 자기가 아는 '자기 불교'를 가지고 절에 갈 때도 그것을 가져가 두어 시간 앉아있다 오고, 집에 와서도 또 '자기불교'를 부려 놓고 오직 '내가 아는 그것만'을 행합니다. 한 번 인연 맺고 나서는 더 이상 '자기 불교'에 대해서 어떤 변화도 없고 수정도 없습니다. 그것은 참 불교가 아닙니다.

'자기 불교'에 대해서 어떤 고정적인 틀을 만들지 말고 끊임없이 받아들이고 끊임없이 참구하고 수정해가고 다듬고 고쳐야 합니다. 버려야 할 입장이라면 과감히 쌓았던 모든 불교를 다 버려도 좋습니다. 사정없이 버려야 합니다. 버리고 새로운 불교로 무장을 해야 합니다. 이것이 불교를 공부하는 데 있어 중요합니다.

'담마기금(擔麻棄金)'이라는 말이 있는데 부처님이 하신 말씀입니다. '삼(麻)을 짊어지고 가다가 금을 버린다'는 뜻입니다.

옛날에 두 청년이 삼 농사를 지어 삼을 팔러 고개를 넘어서 큰 도시로 가는 중이었습니다. 한참 고개를 올라가다 보니 동(銅)이 잔뜩 쌓여 있었습니다. 그래서 한 청년이 '저 동이 삼보다는 같은 무게라도 훨씬 비쌀 테니까 저걸 짊어지고 가면 좋겠다' 생각하고 삼을 내려버리고는 동을 짊어집니다. 그런데 또 한 청년은 고개를 갸우뚱하면서 망설이다가 그 동안 짊어지고 온 공이 아깝다 생각하여 그냥 도로 삼을 짊어지고 갑니다.

다시 두 청년이 또 한참 가다보니 은(銀)이 있습니다. 삼을 버리고 동을 졌던 청년은 얼른 동을 버리고 은을 한 짐 짊어집니다. 그런데 지고 온 삼이 아까워 계속 짊어지고 온 청년은 그 은을 보고도 지금까지 삼을 지고 온 의리 때문에 삼을 그냥 그대로 지고 갑니다. '전공가석(前功可惜)'이라는 말은 바로 이럴 때 쓰는 것입니다. '앞에서 들인 공이 가히 아깝다'라는 뜻입니다.

그런데 이제 마지막에는 금(金)이 한 무더기 놓여있습니다. 은(銀)을 짊어졌던 청년은 가차 없이 은을 버리고 금을 짊어졌습니다. 그러나 앞서 '전공가석'으로 삼을 짊어지고 온 청년은 또 그 공이 아까워서 계속 시장까지 삼을 짊어지고 갑니다. 두 청년은 시장에 도착합니다. 그곳에서 한 청년은 금을 팔고 한 청년은 삼을 팔았습니다. 누가 더 돈을 많이 벌었겠습니까? 누가 더 옳게 행동한 것입니까? 부처님께서 비유로 드신 이야기입니다.

'원해여래진실의(願解如來眞實意)', 여래의 진실한 뜻을 아는 것은 불교를 공부하면서 가장 유익하고 이로운 것입니다. 자기가 알고 있는 자기 나름의 불교를, 그것도 이리저리 흘려 듣고 깜냥으로 짐작을 해 만든 그런 불교를 평생을 짊어지고 다니는 것은 얼마나 어리석고 안타깝습니까?

　법회에 가서도 자기 불교 딱 짊어지고 있습니다. 법문을 들어도 법문은 귀에 안 들어가고, 또 들어도 자기 나름대로 자기 불교로 해석해 버립니다. 자기 불교에 안 맞으면 속에서 배척해 버리고 맙니다. 그러면 발전이 없습니다. 부처님의 가르침이 유익한 것이고, 좋은 것이고, 산더미만한 금은보화보다도 훨씬 가치 있고 값진 것이 되려면, 부처님이 설하신 그 뜻에 맞도록 자기가 알고 있는 불교를 '여래의 진실한 뜻'에 닿을 때까지 끝없이 바로잡아가고 수정하면서 공부해야 합니다.

9.
이치를 깨달으면 본래가 다름이 없으니
깨달은 뒤에 누가 늦고 누가 빠르겠는가

悟理本來無異니 覺後誰晚誰早아
오리본래무이   교후수만수조

"오리본래무이(悟理本來無異)니, 이치를 깨달으면 본래 다른 것이 없음이니"라고 했습니다. 우리가 다르다고 생각하는 것이 이치를 깨닫고 보면 다른 게 아니라는 말입니다.

마치 물결이 바람 따라서 별별 다른 모습으로 일어나지만, 물의 입장에서 보면 그저 하나의 물일 뿐입니다. 그릇에 떠 놓은 물도 마찬가지입니다. 이 그릇에 떠놓으면 이 그릇 모양대로, 저 그릇에 떠놓으면 저 그릇 모양대로 물은 각각 다른 모습입니다. 그런데 물의 성질을 알고 그 입장에서 보면, 이 물이나 저 물이나 똑같이 젖는 습성을 가지고 있을 뿐 전혀 다를 바가 없습니다.

"오리본래무이(悟理本來無異), 이치를 깨달으면 본래 무(無)다." 여섯 글자로써 얼마나 깊은 뜻을 담고 있습니까?『대승찬』같은 깨달음의 글을 우리가 백퍼센트 이해하고 백퍼센트 설명하는 것은 참으로 어렵습니다. 읽을 때마다 다르고 설명할 때마다 다릅니다. 뜻이 다른 곳으로 간다는 게 아니라 그 깊이와 맛이 다르다는 것입니다.

"교후(覺後)에 수만수조(誰晚誰早)아, 깨달은 뒤에 누가 늦고 누가 빠르겠는가?" 우리가 깨닫기 전에는 석가모니 부처님, 조사스님, 부처, 중생 등등 선후의 차별을 이야기합니다. 그런데 깨달음의 세계라고 하는 것은 시공을 초월한 세계이기 때문에 그 속에 들어가면 선후가 없다는 것입니다.

삼천년 전에 부처님이 깨달았다 하더라도, 지금 내가 깨달으면 부처님이 깨달은 그 시간과 내가 깨달은 그 시간이 다 똑같다는 것입니다. 깨달음의 세계가 바로 시공을 초월한 세계이기 때문입니다. 이 세상 전부가 다른 것으로 존재하지만, 사실은 다른 것이란 없습니다. 깨달은 뒤에는 누가 늦고 누가 빠르다고 하는 것 또한 없습니다.

10.
법계의 크기는 허공과 같거늘
중생들이 지혜를 쓰는 마음이 스스로 작네

法界量同太虛나 衆生智心自小로다
법 계 량 동 태 허   중 생 지 심 자 소

"법계량동태허(法界量同太虛)나 중생지심자소(衆生智心自小)로다." 법계는 태허와 같이 큰데 우리가 활용하여 쓰는 지혜의 마음이 스스로 작다는 뜻입니다. 불교에서 잘 쓰는 '법계'라는 말은 온 세상 또는 온 우주라는 말보다도 범위를 더 크게 잡았을 때를 말합니다. 그대로 우주라고 해도 틀리지는 않겠습니다.

'법'이라는 말은 진리라는 뜻입니다. 온 우주가 진리로 충만해 있고, 그 충만해 있는 진리를 부처님이 깨달으시고, 진리 그대로 설법하셨습니다. 그래서 우리가 부처님의 말씀을 전하는 것을 '법의 문 안에 들어간다' 해서 '법문(法門)'이라고 합니다. 진리에 대한 가르침이라는 말입니다.

여기 법계라고 하는 온 우주법계, 진리의 세계가 있는데, 그 양은 태허와 같습니다. 태허는 허공을 말하는 것인데 허공이 크다 보니 '클 태(太)' 자와 '허공 허(虛)' 자를 썼습니다. 진리나 허공의 크기나 양이 똑같습니다. 그렇게 진리가 넓은데도 불구하고 중생들의 마음, 지혜의 마음은 너무 작아서 제대로 이해를 못합니다. 빙산의 일각 정도로 이해하는 것이 아니라 그야말로 눈꼽만큼도 이해를 못하고 있습니다.

이것이야말로 우리가 성인의 가르침을 공부해야만 하는 이유입니다. 내 자신 속에 지혜가 가득 있는데 그 문이 열리지 않고 있으니, 부처님이나 조사스님들의 가르침의 방망이를 가지고 그 문을 자꾸 두드리는 것입니다. 그럼 이제 조금씩 우리들 마음의 문이 열립니다. 나중에는 문이 없어져버리고 내 마음과 온 우주 법계의 진리가 하나가 되어버립니다. 한덩어리가 되면 경계도 없어지고 문도 없어지고 내 마음 크기나 태허공이나 우주법계나 다 똑같이 됩니다.

11.
다만 나다, 나다, 하는 소견을 일으키지 않으면
열반의 법식으로 항상 배가 부르리라

但能不起吾我하면 **涅槃法食常飽**리라
단 능 불 기 오 아　　　열 반 법 식 상 포

"단능불기오아(但能不起吾我)하면 열반법식상포(涅槃法食常飽)리라", 우주 법계와 내가 하나가 되는 데까지 많은 문제가 있겠지만 가장 근본적인 것을 이야기하겠다. 그 근본적인 것이란 나라고 생각하는 것에서부터 문제가 발생한다는 것입니다.

'나'라는 문제는 중요하기 때문에 다른 경이나 논에서도 여러 형태로 거론이 됩니다. 유식(唯識)이나 구사론(俱舍論) 같은 곳에서는 나의 존재에 대해서 매우 세분화하여 아(我)와 아소(我所)로 나눕니다. 나와 나의 것, 또 스스로와 타인[自他], 아(我)와 법(法) 이렇게 상대적으로도 이야기합니다.

대개 나와 남의 상대적인 관계에 대해 '인법(人法)' 또는 '자타(自他)'라는 표현을 쓰는데, 여기 지공 스님은 그렇게 쓰지를 않았습니다. 주목할 것은 지공 스님이 '나 오(吾)' 자와

'나 아(我)' 자, '나'라는 말을 두 번이나 썼다는 사실입니다. 나의 문제만 제대로 풀린다면 그 다음에 남이니 뭐니 상대적인 것은 저절로 풀린다는 뜻입니다. '나'의 문제야말로 근본 뿌리의 문제라는 것입니다. 지공 스님의 지혜가 빛나는 부분입니다.

이 세상, 혹은 법이라는 것은 전부 내가 있음으로 해서 있는 것입니다.『금강경』에서도 아상(我相)·인상(人相)·중생상(衆生相)·수자상(壽者相) 등 네 가지 상(相)을 이야기 합니다. 그런데 아상, 즉 나라고 하는 생각이야말로 그 모든 것의 뿌리라고 할 수 있습니다. 뿌리만 뽑히면 그까짓 잎이나 몸통 가지를 자를 필요도 없습니다. 뿌리가 다 뽑혀버렸는데 나머지 것들이야 모두 지엽적인 것으로서 전혀 문제가 안 된다는 것입니다. 그래서 '나다, 나다' 하는 이 소견만 일으키지 아니 할 것 같으면 열반의 법식(法食)으로 항상 배부르리라 했습니다.

열반이란 무엇입니까? '나다, 나다' 하는 데서 일어나는 온갖 아상·인상·중생상·수자상 이런 차별상들이 소멸한 것이 바로 열반입니다. 열반은 활활 타는 불을 끄다가, 그 불이 다 꺼져 재까지 서늘하게 식은 상태입니다. 우리들 마음은 언제나 시끄럽지 않습니까? 그런데 그 시끄러움의 근원을 살펴보십시오. 세상의 온갖 차별상들이 내 마음 속에 들어와 시끄럽지만 하나하나 불을 꺼나가다 보면 마지막 불씨는 바로 '나'입니다. 이 '나'라고 하는 불씨마저 꺼버리고 나면 모든 것이 잔잔해집니다. 그것이 바로 열반입니다.

세상을 다 바꾸려고 할 필요가 없습니다. 세상은 그대로 두고 내 마음 속에서만 차별심, 분별심, 간택심, 증애심 같은 상대적인 것, 시시비비하고, 좋아하고 미워하고, 선택하고 가려내는 그 마음들만 없애버리면 바로 열반입니다. 그것이 무엇이겠습니까? 진정한 행복, 행복한 삶, 공덕, 진정한 평화, 진정한 자유일 것입니다. 사전적인 열반의 해석보다는, 여기서는 아주 포괄적으로 불교가 지향하는 바의 '그 어떤 최고의 삶'을 열반이라고 말씀드릴 수 있겠습니다.

"'나다, 나다' 하는 소견만 없어지면 법계의 양이 허공과 같다, 경계가 무너져 버린 우주법계와 내가 하나가 되면 모든 차별이 없어져버리고 우리는 열반의 음식으로 항상 배부르리라."

12.
허망한 몸을 거울 앞에서 영상으로 비추나
영상과 허망한 몸은 다르지 않네

妄身臨鏡照影에 **影與妄身不殊**라
망신임경조영　　영여망신불수

　모든 존재에 대해서 어떻게 이해를 해야 되겠습니까? 멀리 있는 존재를 생각할 필요 없이, 가장 가까이 있는 '나'라고 하는 이 몸뚱이를 어떻게 이해해야 하겠습니까? 여기서는 첫마디로 망신(妄身)이라고 했습니다. 망령된 몸 또는 거짓 몸이라고 표현할 수 있겠습니다. 임경조영(臨鏡照影)이라는 것은 우리 거짓된 몸을 거울 앞에 서서 비춰보는 것입니다. 우리가 거울에 얼굴을 비추거나 몸을 비추거나 했을 때 내 모습이 나타납니다. 영여망신불수(影與妄身不殊)입니다.

　어떻습니까? 실제 우리 몸하고 다르다고 생각하진 않습니까? 거울을 사용하는 나는 진짜 '나'이고, 거울에 비친 나는 그림자, 거짓된 것이라고 보는 것이 일반인들의 생각입니다. 그런데 지공 스님은 불수(不殊)라고 했습니다. 다르지 않다는 말씀입니다. 거울에 비쳤을 때 나타난 그림자와 내 모습이 우리는 다르다고 생각하는데, 다르지 않다는 것입니다.

무슨 이야기인가 하면, 모든 존재의 상대적인 관계를 말하는 것입니다. 우리는 항상 세계를 상대적인 것으로 생각합니다. 거울을 볼 때도, 거울을 보는 쪽은 진짜이고, 거울 속에 비춰진 것은 가짜라고 생각합니다. 그런데 깨달으신 분의 안목으로 보면 거울 속이나 거울 밖이나 모두가 다 똑같이 허상이라는 것입니다. 거울이 거짓이듯 우리 몸도 거짓이라는 걸 알라는 뜻입니다. 그런 의미로 '거울에 비친 그림자나 우리 몸이나 다르지 않다'라고 말씀하고 있습니다.

13.

다만 영상은 버리고 몸만 남기려 한다면
몸의 근본이 텅 빈 것과 같음을 알지 못한다

但欲去影留身은 **不知身本同虛**리라
단욕거영유신   부지신본동허

"단욕거영유신(但欲去影留身)은 부지신본동허(不知身本同虛)리라", 다만 그림자를 보내버리고 몸만 남기려고 한다면, 몸의 근본이 텅 빈 허공과 같은 줄을 알지 못한다고 하였습니다.

거울에 있는 그림자가 텅 빈 그림자인 줄은 알지만, 거울을 보는 내 몸은 이렇게 실제로 '잘 있다'라는 생각을 합니다. 그러나 그렇게 여기고 있는 우리 몸뚱이도 사실은 근본이 '텅 비었다'는 것입니다. 신본동허(身本同虛)임을 알지 못한다, 몸의 근본이 텅 빈 것과 같음을 알지 못한다, 이것이 우리들의 안목과 깨달은 사람의 차이점이라고 할 수 있습니다.

깨달은 사람의 안목으로 보면 우리 몸뚱이도 그 몸의 근본이 사실은 거울 속 영상처럼 텅 비어 없다는 것입니다. 텅 비어 없다고 하는 것은 '공하다', '없다', 반야심경에서 '무안이비설신의 무색성향미촉법(無眼耳鼻舌身意 無色聲香味觸法)'

이라고 하는 바로 그 말입니다.

이런 차원의 '공하다', '없다' 라고 하는 것은 분석을 해서 없다고 하는 것과는 다릅니다. 이 부분은 조금 이해를 하고 넘어가야 할 부분입니다. 보통 사람의 상식으로는 '몸뚱이가 있다', '사물이 있다' 라고 그냥 눈에 보이는 대로 판단합니다. 그러나 성문(聲聞)이나 연각(緣覺)은 어떻게 보는가 하면 '필경공(畢竟空)'으로 봅니다. '끝에 가서는 결국 우리 몸뚱이가 없는 것이고, 결국 인생은 무상(無常)한 것이고, 마침내 모든 존재는 다 사라져서 없는 것이다' 라고 보는 것을 필경공이라고 합니다.

또 '분석공' 이라는 말도 있는데, '연기(緣起)에 의해서 존재하는 것이기 때문에 하나하나 분해(分解)를 하면 결국은 없는 것이다' 라고 보는 것을 분석공(分析空)이라고 합니다. 필경공이나 분석공이나 같은 말입니다. 예를 들어서 우리가 컴퓨터를 사용하잖습니까? 그런데 컴퓨터의 부품을 하나하나 다 해체시키면 컴퓨터라고 하는 것은 없습니다. 그렇게 해서 없다고 보는 것이 분석공입니다. 컴퓨터를 그렇게 분해하지 않더라도 언젠가는 다 파괴가 되고 '세월이 가면 다 깨지고 없어진다', 이렇게 보는 것은 필경공입니다.

분석공이나 필경공이나, 보통사람도 미루어서 알 수 있는 일입니다. 그러나 그것은 의식할 때만 아는 것이지 체화(體化)되어 나의 것이 된 것은 아닙니다. 그렇게 분석공이나 필경공으로 해서 공함의 이치를 아는 것이 성문이나 연각들이 말하는 공입니다. 그런데 이 『대승찬』에서 말하는 공(空)은 보살이 보는 공입니다. 보살은 그렇게 분석을 하거나 세월이 흘러가니까 무상하다고 해서 공으로 보는 것이 아니라, 그대로 공으로 보는 것입니다.

지금 펄펄 살아있는 그 모습 그대로, 분석하지도 않고 세월이 가지도 않은 이 상태에서 그대로 공으로 보는 것이 보살의 안목이고 보살이 말하는 공입니다. 이렇게 보살이 당체 그대로 공으로 보는 것을 '당체즉공(當體卽空)'이라 합니다.

성문 연각과 보살이 보는 공은 이렇게 다릅니다. 그렇다고 해서 어느 한 쪽이 좋고, 나쁘고 할 것은 없습니다. 불교 일반을 이야기할 때는 분석공도 좋고 필경공도 좋고 그냥 당체즉공도 좋고, 공을 설명하는 데 있어서 어느 것도 상관은 없습니다.

그런데 만약에 선법문(禪法門)을 한다고 하면서, 분석공을 한다거나 필경공을 한다거나 할 수는 없습니다. 사실 보살의 공인 당체즉공을 이야기해도 선법문은 아닙니다. 부처님도 당체즉공은 방편으로 근기 따라 이야기하시는 것입니다. 진짜 부처님의 살림살이는 그야말로 '꽃 한 송이 척 들어 보이는 것'입니다. 손가락 하나 세워서 보이는 것이고, 할을 하거나 방을 해서 보이는 것, 이것이 불조(佛祖)의 살림살이입니다. 불조의 차원은 보살하고 또 다릅니다.

그래서 불교 일반을 이야기할 때는 별별 차원에서 다 할 수 있으나, '선을 이야기한다'라고 판을 벌여 놓고 선법문을 한다면서, 분석공이나 연기공이나 필경공이나 당체즉공 등 이런 공의 차원을 이야기하면 그것은 선법문이 아닙니다.

물론 공의 이치, 연기의 이치가 감동적이고 불교의 독특한 깨달음에 의한 것이며 높은 안목에 의한 것이기는 하지만, 선법문의 차원은 이와는 다르다는 것입니다. 우리가 부처님이 꽃을 들어 보인 것을 선의 기원이라고 하는 이유를 생각해 보면 알 수 있습니다. 거기에 달리 공을 설명하지도, 다른 어떤 군더더기도 보이지 않습니다. 바로 우리가 보고 듣고 움직일 줄 아는 그 사실을 보인 것입니다. 그것을 우리가 불조 살림살이의 기준으로 보는 것입니다.

'다같이 불교고 다같이 선인데 다른 구별이 있겠나' 생각할 수 있지만, 우리가 이왕에 불교 공부를 깊이 하는 입장에서 이러한 것도 분별해서 이해할 줄 알면 더욱 좋을 듯하여 짚어보았습니다.

14.
몸은 본래 그림자와 다르지 않으니
하나는 있게 하고 하나는 없게 할 수가 없다

身本與影不異니　不得一有一無니라
신 본 여 영 불 이　　　부 득 일 유 일 무

"신본여영불이(身本與影不異)"라고 했습니다. "몸의 근본이라고 하는 것은 그림자와 같다"라는 뜻입니다. 우리가 그림자를 하나하나 분석해서 그림자라고 하지 않습니다. '그림자라서 없기 때문에 허망하다'고도 하지 않습니다. 당연히 그림자는 본래 없는 것이라고 보기 때문에 허망하다고 하는 것입니다.

앞서 필경공이나 분석공, 당체즉공을 말씀드렸습니다. 우리가 그림자를 공하게 본 것은 당체즉공, 즉 우리 몸뚱이나 컴퓨터나 온갖 현상을 그대로 공하다고 본 것입니다. 세월이 가서 부서져서 공하다고 하는 것도 아니고, 이것저것 부품을 낱낱이 분해했을 때 그때서야 공하다고 하는 것도 아닙니다. 처음부터 그림자처럼 본 것입니다. 그림자는 분해를 안 하고도 공한 것이고 세월이 안 가도 공한 것입니다. 분명한 사실입니다.

그림자는 연기(緣起)가 아닙니다. 연기로 이루어졌기 때문에 공하다, 이것은 성문이나 연각들의 공입니다. 분석공이고 필경공입니다. 당체즉공은 연기와 관계가 없습니다. 그래서 이 그림자는 분석공도 아니고 필경공도 아니고 그대로 현재 그대로 공하다, 이게 보살의 안목인 당체즉공입니다. 여기 지공 스님은 그 차원을 이야기하고 있습니다.

몸의 근본은 그림자와 더불어 서로 다르지 아니하니, '부득일유일무(不得一有一無)', 하나는 있게 하고 하나는 없게 할 수 없다고 했습니다. 그러니까 지공 스님의 견해에서 보면 몸뚱이나 거울에 비친 그림자나 똑같다는 것입니다. 우리가 생각하기에는 거울에 비친 그림자는 진짜 그림자고 우리 몸뚱이는 진실한 것이라고 생각하는데, 지공 스님의 안목은 얼마나 높았던지 바로 그대로 공하다고 보는 것입니다. 그렇기 때문에 하나는 두고 하나는 없게 할 수가 없는 것입니다.

우리 차원에는 분명히 그림자와 나는 다릅니다. 우리가 그것을 이해할 때 '아, 늙어서 병들어 죽게 되면 그게 결국은 공 아니냐' 이렇게도 생각해 볼 수 있지만, 이것은 분석공이나 필경공입니다. 지공 스님의 이해는 그것과 다릅니다.

예를 들어서 어떤 사람이 근사한 도자기를 아주 비싼 값에 구했다고 합시다. 몇 억을 주고 산 것인지라 애지중지 간수하고 가슴 뿌듯해 하고 큰 재산을 가졌다고 생각하고 있었습니다. 그런데 어느 날 전문가가 와서 보고는 '모조품이다'라고 판정을 내립니다. 전문가의 눈에는 기껏해야 몇 만 원 짜리밖에 안 되는 모조품이라고 판단을 내린 것입니다.

두 사람의 견해 차이가 이렇게 나타납니다. 어마어마한 견해 차이가 나는 것입니다. 전문가의 안목에 비친 도자기는 모조품인데 어떻게 진짜라고 하겠습니까? 할 수가 없는 것입니다. 그것을 비유하자면 당체즉공입니다. 모조품 도자기를 진품인 줄 알고 애지중지하는 사람처럼 우리 몸을 있다고 생각하고 있지만, 지공 스님 보기에는 이 몸이 거울 속 그림자와 똑같다는 것입니다. 진품이 아니라는 것입니다. 전문가의 안목입니다.

우리가 전문가의 안목을 그대로 받아들이면 어떤 일이 벌어지겠습니까? 우리 몸이 공하기 때문에 소극적으로 살겠습니까? 그렇지 않습니다. 공한 몸이기에 오히려 더욱 적극적으로 살 수 있습니다. 자기 생명에 대해 애착이 없는 사람은 그까짓 몸뚱이 던지는 것을 대수롭지 않게 생각하지 않겠습니까? 인생을 기분 좋게 가벼운 마음으로 살 수 있는 길이 열리게 될 것입니다. 그러다가도 의미있는 일이라면 적극적으로 이 몸을 연소시키면서 살 수 있지 않겠습니까?

수행의 입장은 아니라 하더라도 옛날 영웅호걸들을 보면 생명을 초개처럼 던지는 예들이 얼마나 많습니까? 하물며 존재의 실상을 꿰뚫어보는 깨달음의 눈을 가진 사람이야 더 말할 나위가 없는 것입니다. 이 몸뚱이를 초개처럼 버리는 사람이 옛날엔 큰 일을 하지 않았습니까? 마찬가지로 불교도 그렇습니다. 불교도 이 몸을 그대로 공으로 제대로 볼 때 비로소 큰 일을 할 수 있다는 것입니다.

몸이 전 재산이고 몸이 전체의 자기인데, 이것을 공하다고 볼 줄 안다면 나머지 자기에게 딸린 소유, 돈이든 명예든 기타 애지중지하는 무엇이건 간에 우습게 볼 수 있습니다. 그렇게 함으로써 정말 보람있고 의미있는 큰 일을 할 수 있습니다. 우리 가슴에는 아직 우리 몸뚱이가 그림자와 같이 공한 것으로 와 닿지 않습니다만 언젠가 이런 말들이 가슴에 와 닿고 세월이 가서 무상한 것이 아니라 당체즉공으로 와 닿을 때가 있을 것입니다. 현재 이대로를 공으로 볼 줄 아는 때가 올 것입니다.

15.
만약 하나는 두고 하나는 버리려 한다면
영원히 진리와는 서로 멀어지리라

若欲存一捨一하면 **永與眞理相疎**하리라
약욕존일사일   영여진리상소

 "약욕존일사일(若欲存一捨一)하면, 만약 하나를 두고 하나를 버리면'이라고 했습니다. 일유일무(一有一無)나 존일사일(存一捨一)이나 글자는 달라도 의미는 같습니다. 만약 하나를 두고 하나를 버리려고 한다면, "영여진리상소(永與眞理相疎)하리라, 영원히 진리로부터 서로 멀어지리라."입니다.

 참 어려운 이야기입니다. 우리가 생각하기에 거울에 비친 그림자는 거짓이고 나야말로 진짜인데, 저 거짓을 진짜처럼 본다는 것은 현재로서야 마음에 썩 다가오지도 않고 될 법도 아닌 소리일 것입니다. 그런데 그렇게 볼 줄 알 때 비로소 진리를 알게 된다는 것입니다. 모든 상대적으로 형성되어 있는 것이 결국은 하나입니다. 하나라고 하는 것은 '근본은 텅 비었다'라고 하는 것입니다. 앞서 몸의 근본은 허공과 같다고 하였습니다. 텅 비었다고 하는 것에 대한 이해가 되었을 때,

진리에 눈을 뜰 수 있는 것입니다.

그러기 전에는 거울에 있는 것은 버리고 이 몸뚱이는 놔 둔다고 했습니다. 이 몸뚱이는 놔두고 거울에 비친 것은 그림자로 여기고 버린다고 할 것 같으면, 영원히 참 이치와는 멀어지게 됩니다. 참 이치가 아니라는 것입니다. 참 이치라면 거울 속에 있는 것과 이 몸뚱이는 같다는 것입니다.

그런데 이런 표현은 참 보기 드문 표현입니다. '거울을 두고 거울에 비친 내 모습을 보면 그것은 가짜가 아니냐. 그런데 그와 같이 우리 몸도 가짜다. 그렇게 알아라. 그렇게 알았을 때 정말 진리를 알게 될 것이다. 인생과 우주의 참 이치가 무엇인지를 알게 될 것이다. 실상을 알게 될 것이다.'

표현이 아주 교묘하고 매우 뛰어나다는 생각이 듭니다. 비록 사량분별적이고 이론적인 것이지만, 우리가 늘 보는 거울을 통해 깨달은 '사람의 참 이치'를 이해시키고 있으니 설법의 뛰어남이 참으로 돋보인다는 생각을 하게 됩니다.

16.

또한 성인을 좋아하고 범부를 싫어하면
생사의 바다 속에서 가라앉았다 떠올랐다 하리라

更若愛聖憎凡하면　**生死海裏沈浮**하리라
갱 약 애 성 증 범　　　생 사 해 리 부 침

『신심명』에 "단막증애(但莫憎愛)하면 통연명백(洞然明白)한다"는 구절이 있습니다. 지극한 도란 무엇이겠습니까. 우리가 바라는 바의 삶입니다. 미워하거나 사랑하면 분별이 생기고, 갈등이 생기고, 비교하는 마음이 생깁니다. 그래서 결국 우리가 바라는 삶이 이루어질 수 없습니다. '다만 싫어하고 좋아하는 증애(憎愛)만 하지 마라. 그러면 툭 터져서 환하게 밝을 것이다. 우리가 바라는 바 삶인 지극한 도가 환히 펼쳐질 것이다.' 라는 『신심명』의 내용처럼 이 책에서도 마찬가지입니다.

무엇을 사랑하고 무엇을 미워하겠습니까? "애성증범(愛聖憎凡)이라, 성인을 사랑하고 범부를 미워할 것 같으면"이라는 말을 했습니다만 이것은 하나의 예입니다. 사실 종교적인 입장에서 불교를 공부하다 보면 부처님이나 조사스님들의 뛰어난 삶이 부럽고 그에 대한 애착이 생기게 됩니다. 반대로 자신의 범부와 같은 못난 점이 더욱 도드라져 싫어집니다.

그것이 꼭 성인과 범부에 대한 입장뿐이겠습니까? 모든 사람들, 접하는 생활환경, 사용하는 모든 물건들, 이런 것들 하나하나에 좋아하고 싫어하는 마음을 냅니다. 그런데 깨달으신 분들은 하나같이 간곡히 말씀하십니다. 애착하고 증오하는 마음을 가지면 생사해리(生死海裏)에 부침(浮沈)한다, 삶과 죽음의 바다 속에서 떴다 가라앉았다 한다는 것입니다.

생사라고 해서 거창하게 태어나고 죽는 것을 말하는 것이 아닙니다. 바로 이 순간 우리의 모습이 그렇다는 것입니다. 순간순간에 여기저기 끌려다니고, 이 환경 저 환경, 마음자리에 휘둘리는 것이야말로 생사해리에 부침하는 것입니다. 여기 기울고 저기 기울고, 차별심, 분별심, 간택심, 증애심, 선악심 등 이러한 것들이 계속 번갈아 가면서 반복하고 있는, 윤회하고 있는 우리들의 삶, 우리들의 현실이 바로 생사의 부침입니다. 그것은 우리에게 고통을 줍니다. 그러나 깨달으신 분들은 한결같이 그런 상대적 편견에서 떠나야만, 우리가 정말 바라는 바 진정한 행복과 자유로운 삶이 온다고 말씀하십니다. "지극한 도, 큰 도는 편견에서 벗어나야만 온다."

치우치고 편벽되어서 애착에 떨어져 있으면 그 순간은 어떨지 모르지만, 그것은 곧 거울의 앞뒷면과 같고 하루의 밤낮과 같아서 반드시 반대 급부적인 미움이 따르게 되어 있고, 설사 미움이 따르지 않는다 하여도 애착해서 즐거움과 행복을 느끼는 만큼 대가가 따릅니다.

우리는 사랑할 때 한번도 미움과 갈등이 없었으면 싶지만, 곧 그 미움과 갈등은 따라오게 되어 있습니다. 설사 미움과 갈등은 요행히 없다 하더라도 내가 애착하는 만큼 거기에 대가가 따른다는 것입니다. 오히려 그보다 몇 배 심지어 몇십 배, 몇 백 배의 갚음이 따를지 모릅니다. 그런데 그것은 결국 바람직한 행복, 바람직한 평화가 아닙니다.

제대로 진리에 눈을 뜨신 분들은 그런 것을 멀리 하라고 하십니다. "단막증애(但莫憎愛)할 것 같으면 진정 바라는 삶, 대도(大道), 지극한 도가 툭 터져서 앞에 훤하게 나타날 것이다.", "증애심이 있게 되면 생사해리에 부침한다."라고 간곡히 말씀하십니다.

17.
번뇌는 마음을 말미암아 있기 때문에
마음이 없다면 번뇌가 어디 있겠는가

煩惱因心有故하야 **無心煩惱何居**리오
번뇌인심유고　　　　무심번뇌하거

앞에서 "번뇌는 본래 있는 것이 아닌데 괜히 망령된 정으로 서로서로 얽혀 있다"라고 했습니다. 번뇌라고 하는 것이 명암(明暗)의 상대적인 어둠이며, 우리 마음의 어둠이라고 해도 그것은 결국 우리 마음을 인(因)해서 있습니다. 우리가 마음을 번뇌라고 볼 때, 그때 비로소 번뇌가 있다는 것입니다.

심생즉종종법생(心生卽種種法生), '마음이 생기면 가지가지 법이 생긴다' 라는 뜻입니다. 마음이나 법이 여기서는 모두 번뇌가 되겠습니다. 팔만사천 번뇌라고 하는 그 수많은 번뇌들이 결국은 한 생각이 일어남으로 해서 있는데, 마음이 없어져 무심(無心)할 것 같으면 번뇌가 어디에 있겠습니까?

무심이라고 하는 것은 그런 분별심이 없다는 것입니다. 분별심, 망심, 망정 등이 없다면 번뇌가 어디에 있겠습니까? 앞에 나왔던 내용하고 같습니다.

18.
애써 분별하여 모양을 취하지 않으면
저절로 도를 얻음이 잠깐 사이리라

不勞分別取相하면 **自然得道須臾**리라
불로분별취상 자연득도수유

"불로분별취상(不勞分別取相)하면 자연득도수유(自然得道須臾)리라, 수고로이 분별해서 상을 취하지 아니할 것 같으면 자연히 잠깐 사이에 도를 얻게 될 것이다."라고 하였습니다.

앞에서도 도라고 하는 것이 우리가 바라는 삶이라고 했습니다. 우리가 바라는 삶은 무엇입니까? 한번도 고생이 없고, 불행도 없고, 가슴 아픈 일도 없고, 늘 즐겁고, 늘 편안하고, 늘 평화로운 것, 마음에 안 드는 아주 작은 일도 없는 삶입니다. 그야말로 완전한 행복, 완전한 자유가 우리가 바라는 삶으로서, 바로 '도(道)'입니다.

눈에 보이는 현상을 우리가 옳다 그르다, 좋다 싫다 설정을 해 놓고 취하기 시작하면 도(道)는 얻을 수 없습니다. '상을 취한다(取相)'는 말은 '우리 나름대로 틀을 짜고 선을 긋고 어떤 기준을 설정해놓고 그 기준에 맞기를 바라는 것'입니다.

상을 취하는 것만 하지 않으면, 자연히 행복한 삶이 되고 순식간에 도를 얻게 될 것입니다. 우리가 바라는 삶은 바로 그 순간 이 목전에 있습니다. 깨달으신 분의 말씀이라서 너무 좋긴 합니다. 그런데 이와 같은 것이 우리의 살림살이가 되고 내 공부가 되기까지는 그렇게 쉽지는 않을 것입니다. 그러나 우리가 이러한 이치를 깨달은 분들을 통해서 이렇게 듣고 마음에 자꾸 새기고 깊이 사유함으로써 그 경지에 한 걸음 한 걸음 다가갈 수 있는 것입니다.

한 걸음 한 걸음 다가간다고 하니 무슨 점차(漸次)가 또 있는 것처럼 여겨질지 모르지만, 그것이 아니라 말하자면 어느 순간 이러한 이치가 내 살림살이가 된다는 의미입니다.

19.
꿈꿀 때에는 꿈 속에서 조작하지만
깨어난 때에는 깨어난 경계가 전혀 없다

夢時夢中造作이나 **覺時覺境都無**니라
몽 시 몽 중 조 작   교 시 교 경 도 무

꿈 이야기를 불교에서는 자주 합니다. 꿈을 꿀 때는 조작(造作)입니다. 뭔가가 잘 지어집니다. 사람도 만나고, 앞날도 설계하고, 온갖 일도 하고, 사업도 하고, 이야기도 나누고, 공부도 하는 그런 것들이 조작입니다. 꿈 속에서 그 조작을 다 합니다. 그런데 꿈을 깼을 때는 그 꿈 깬 경계가 전혀 없습니다. '꿈 깨다'의 뜻으로 쓰일 때는 교(覺)자를 각이 아닌 교라고 읽습니다.

지금 우리는 꿈 꾸고 있는 것이 아니지 않습니까? 그래서 '지금 우리가 꿈꾸고 있지 않다' 하는 것을 굳이 내세우지 않습니다. 마찬가지입니다. '꿈을 깼을 때는 꿈 깬 경계가 없다'라는 말 또한, 이미 꿈을 깼으니 장황한 말이 필요치 않습니다.

불교에서 꿈에 대한 책은 월창 거사(月窓居士)가 쓴 『술몽

쇄언(述夢瑣言)』이 유명합니다. 이 책에는 불교용어를 한 줄도 쓰지 않고 꿈을 통해 불교의 이치를 제대로 드러내고 있습니다. 불교 이야기는 아니지만, 이와 같은 이치를 잘 드러낸 것으로 장자(莊子)의 호접(胡蝶)도 유명한 이야기입니다. 장자가 나비 꿈을 꾸었는데 시원스럽게 잘 날아다니는 꿈을 꾸었습니다. 그런데 꿈을 깨고 나니 지금 나비가 사람 꿈을 꾸고 있는지, 아니면 사람이 나비 꿈을 꾸었는지 알 수가 없다는 것입니다.

20.
깨어난 때와 꿈꿀 때를 뒤집어 생각해 보니
뒤바뀐 두 견해가 다르지 않구나

翻思覺時與夢하니 **顚倒二見不殊**로다
번 사 교 시 여 몽   전 도 이 견 불 수

깨어있을 때와 꿈꿀 때를 뒤집어서 생각해보면, 전도된 두 가지 견해가 다르지 않더라는 것입니다. 이럴 때 그 장자의 호접, 나비 꿈 이야기가 딱 들어맞습니다.

'나비가 사람 꿈을 꾸고 있는가, 사람이 나비 꿈을 꾸고 있는가' 꿈과 현실을 뒤집어 생각해본다는 것이 무엇입니까? 결국 전도된 두 가지 견해가 다르지 않다는 것입니다. 두 가지 모두 실재하지 않는 것으로 보는 것입니다. '공한 것이다' 라고 봐도 좋습니다.

이런 내용을 밑받침해서 생각해 본다면 서산 스님의 꿈에 대한 시도 이해가 잘 될 것입니다.

주인은 나그네에게 꿈 이야기를 하고
나그네는 주인에게 꿈 이야기를 한다

지금 꿈 이야기하고 있는 두 사람
역시 꿈 속의 사람들이네

主人夢說客　客夢說主人
주인몽설객　객몽설주인

今說二夢客　亦是夢中人
금설이몽객　역시몽중인

주인이 아침에 일어나서 나그네에게 자기 꿈 이야기를 합니다. 나그네는 또 나그네대로 꿈을 꾸었으니 주인하고 마주 앉아서 자기 꿈 이야기를 합니다. 그러니까 둘 다 꿈 이야기를 하는데, 지금 이야기를 하고 있는 두 사람 역시 꿈 속의 사람들이라는 것입니다.『대승찬』을 설명하는 데 밑받침으로 그만입니다.

깨었을 때와 꿈꿀 때를 바꾸어서 생각해보니 결국 같더라는 것입니다. 깨달으신 분들의 안목은 이와 같이 한결같습니다. 참으로 우리 인생의 실상을 꿰뚫어 보고 하신 말씀입니다.

앞에서 "거울에 육신을 비춰봤을 때 거울에 비친 영상과 내 육신이라고 하는 것이 알고 보면 같은 것이다. 거울에 비친 것만 헛것이 아니라, 몸의 근본도 거울 속 그림자와 같이 헛것이다."라는 말을 했습니다. 몸뚱이, 혹은 '나'라고 하는 것을 어떻게 볼 것인가. 이 견해만 제대로 이해가 되고, 이것만 풀려버리면 여타 다른 문제는 다 풀려버립니다.

이것이 하나의 벽인데 은산철벽(銀山鐵壁)보다 더 두텁습니다. 벽에 가서 자꾸 부딪칩니다. 이렇게 부딪치다 보면 두꺼운 벽도 무너지는 순간이 오긴 올 것입니다. 하다못해 자꾸 가서 부딪치다 보면 그 벽이 얇아지기라도 할 것입니다. 얇아지면 뚫리는 것은 시간문제입니다.

21.

어리석음을 바꾸어 깨달음을 취해 이익을 구하면 장사하는 무리들과 무엇이 다르랴

改迷取覺求利하면 何異販賣商徒리오
개미취각구리   하이판매상도

 이것은 조금 무서운 말입니다. 미혹을 고쳐서 깨달음을 취하는 것으로 이익을 구하지 말라는 경계입니다. 불교공부라고 해도 좋습니다. 불교공부가 결국은 '개미취각(改迷取覺)'이기 때문입니다.

 '미혹을 고쳐서 이익을 구한다고 한다면'에서의 '이익'은 '세속적인 이익'입니다. 자기 의식주에 보탬이 되도록 한다거나, 명예와 부를 목적으로 한다거나, 자기의 공을 자랑하는 것을 목적으로 하는 등 이런 어줍잖은 생각이 만약 깔려 있다면, '하이판매상도(何異販賣商徒)리오, 장사치들과 뭐가 다르겠는가.' 장사하는 무리들과 같다는 뜻입니다.

 사실 요즘 우리의 사찰세태라든지 불교의 여러 가지 현황들을 볼 때면, 장삿속이 너무 많긴 합니다. 『능엄경』에는 "가아의복(假我衣服)하야 패판여래(稗販如來)라", 말세중생들이 "내

옷을 빌려 입고 여래를 팔아 의식주를 구한다."라는 말이 있습니다. 그 옛날에도 그런 일이 없진 않았겠지만 말세적인 현상이 짙어지면 진실하게 불법을 공부하는 이는 줄어들고, 부처님을 팔아 자기 생활을 영위하려고 하는 일들이 많아진다는 것입니다.

장사를 하는 사람에게 이익이 목적인 것은 당연합니다. 오히려 장사하는 사람이 이익을 노리지 않는다면 잘못된 것입니다. 그러나 자신의 미혹을 고쳐서 하나하나 깨달음을 취하려고 하는 마음이라면, 명예나 이익을 노린다는 것은 있을 수 없는 일입니다.

다른 것을 가지고는 다 장사를 해도, 불교를 가지고 장사를 해서는 안 된다는 것입니다. 물론 최소한의 생활에 필요한 것은 구해야 합니다. 그러나 속마음으로 이익과 명예를 구하기 위해서 깨달음으로 나아가려는 마음이 깔려있다면, 장사치들과 하나도 다를 바 없습니다. 『대승찬』에서 지공 스님이 멋진 경고를 하셨습니다.

22.
움직임과 고요함이 모두 없어 늘 고요하면
저절로 진여에 계합하리라

動靜兩亡常寂하면 **自然契合眞如**리라
동정양망상적　　　자연계합진여

　내용이 새로운 것은 아닙니다. '움직임과 고요함, 이 중에 어느 것 하나를 취하고 버리는 것이 아니라, 상대적인 두 가지가 다 없어져서 항상 고요할 것 같으면 자연히 진여(眞如)에 계합(契合)할 것이다' 라는 뜻입니다. 앞에서 '하나는 있게 하고 하나는 없게 하지 말라. 하나를 두고 하나를 버리려고 할 것 같으면 진리와는 멀어지리라.' 라는 표현이 있었는데 이것에서 벗어나지 않습니다.

　진여(眞如)의 진(眞)은 어디에서나 참된 것을 말합니다. 시간과 공간이 바뀌어도 항상 참되고 같아야 되는 것이 불교에서 말하는 진리이며, 이것을 불교적 용어로 진여라고 표현합니다. 다른 말로 '번뇌 없는 순수한 마음' 이라고 표현해도 좋습니다. '마음' 이라 하니 또 어떤 한정된 존재로서 마음을 떠올리기 쉽지만, 진여로서의 마음은 전 우주를 다 감싸고 있는 법계와 같은 의미입니다. 또한 참되고 여여한 당체자리라고 볼 수가 있습니다.

그러한 진여를 내 것으로 하고 내 손에 잡으려고 한다면, 동(動)이나 정(靜)과 같은 상대적인 것에 끄달려서는 안 되는 것이고, 그 상대적인 것은 다 초월해야 된다는 뜻입니다. '동정(動靜)'이라는 표현 속에는 상대적인 것이 모두 포함됩니다. 상대적인 것이 남아있으면 치우치게 되고 편협하게 됩니다. 자꾸 비교하게 되고 비교하면 갈등이 생깁니다. 갈등은 곧 괴로움이고 고통입니다. 인간의 삶이 이렇게 복잡하게 벌어지게 된 원인이 바로 이것에 있습니다.

그런데 우리 삶이 어떻습니까? 어쩔 수 없이 맺어야 하는 이 수많은 관계라는 것은 거의 모두가 상대적입니다. 그 속에 우리가 살고 있지만, 어디에고 치우쳐서는 안 됩니다. 그것이 '중도'입니다.

중도를 이해하기 쉽도록 배를 타고 가는 것에 비유를 하겠습니다. 강의 양쪽에는 언덕이 있습니다. 언덕이 물을 막아주니 강이 형성됩니다. 그러니 언덕은 강에 있어 꼭 필요한 것입니다. 그렇다고 해서 배가 어느 쪽 언덕이든지 가서 닿으면, 더 이상 앞으로 나아갈 수가 없습니다. 닿는다는 것은 동이나 정, 시(是)나 비(非) 등 어딘가에 치우치고 집착하는 것이고 거기에 떨어지는 것입니다.

치우치지 않아야 된다고, 양쪽 언덕 모두가 필요 없는 것이 아닙니다. 강이 형성되려면 양쪽 언덕이 모두 필요합니다. 필요하면서도 배를 타고 강을 건널 때 어느 한 쪽에라도 가서 닿으면 그만 길을 잃어버립니다.

이와 같이 양쪽 언덕과 같은 세상의 관계 속에 살아가는 우리는 그 양쪽 언덕을 부정할 수도 긍정할 수도 없습니다. 그것을 부정해 버리면 우리의 삶이 더 이상 형성되지 않고, 상대적인 관계를 다 긍정하게 되면 낱낱이 가서 부딪치고, 집착하고, 편협하게 되고, 갈등이 생기고, 고통이 생깁니다.

깨달으신 분들이 본 세상도 우리가 사는 세상과 다르지 않습니다. 다만 그 분들은 그 양변에 미혹되지 않고, 끄달리지 않고, 집착하지 아니해서 바라는 바의 삶이 거기에 펼쳐진다는 것을 보았다는 차이입니다.

대도(大道), 지도(至道), 도(道), 성불(成佛), 열반(涅槃), 보리(菩提), 바라는 삶 등 이 모든 것과 진여는 같은 말입니다. '동정양망상적(動靜兩亡常寂)하면 자연계합진여(自然契合眞如)하리라, 움직임과 고요함이 모두 없어 늘 고요하면 저절로 진여에 계합하리라.' 진정한 행복과 평화와 자유는 양변을 여읜 중도에 있습니다.

23.
만약 중생이 부처와 다르다고 말하면
까마득하여 부처와는 항상 멀리라

若言衆生異佛하면　迢迢與佛常疎리라
약언중생이불　　　　초초여불상소

"약언중생이불(若言衆生異佛)하면 초초여불상소(迢迢與佛常疎)리라, 만약 중생이 부처와 다르다고 말할 것 같으면 까마득하게 멀어서 부처와 더불어 항상 멀어지리라."

모두가 다 들어서 아는 내용일 것입니다.

『화엄경』의 종지가 '심불급중생 시삼무차별(心佛及衆生 是三無差別)' 입니다. '마음과 부처와 중생, 이 셋이 차별이 없다' 라는 뜻입니다. 『대승찬』을 강의한 〈인터넷 전법도량 염화실〉의 사상도 한마디로 표현하면 '인불사상(人佛思想)' 입니다. '사람이 곧 부처님이다', 화엄경이나 모든 조사스님들의 가르침이 전부 요약하면 그 한마디, '인불사상' '사람이 곧 부처님이다' 하는 것에서 한 발짝도 벗어나는 것이 없습니다.

중생이라는 말을 사람이라고 해도 좋고, 범부라고 해도

좋습니다. 우리 모두 중생이면서 사람이고 사람이면서 중생입니다. 사람이 만약 부처와 다르다고 한다면, 부처는 부처고 사람은 사람일 것입니다. 부처는 부처고 사람은 사람이면, 영원히 부처와 사람은 서로 만날 수 없는 평행선을 달리는 것입니다. 그러면 영원히 거리가 멀지 않겠습니까? 깨달은 분들의 이런 가르침은 숨이 막히도록 핵심을 찌릅니다. 설명이 필요치 않습니다.

『화엄경』의 "마음과 부처와 중생, 이 셋이 차별이 없는 것이다."와 지공 스님의 말이 똑같은 뜻입니다.

24.
부처와 중생이 둘이 아니며
그대로 구경에서 다름이 없다

佛與衆生不二하니　**自然究竟無餘**니라
불여 중생불이　　　자연 구경 무여

 "부처와 중생이 다름이 없다", 불자라면 귀에 못이 박힌 이 이야기가 여러분에게는 어떻게 들립니까? 부처와 중생이 다르게 여겨진다면, 바로 그것이 우리가 중생이라면 중생인 이유입니다. 다르게 여겨지지 않아야 하는데 '그래도 아니야, 부처와 중생은 다른 거야, 부처와 중생은 절대 다른 거야'라고 중얼거리는 분은 안 계십니까? 제가 〈인터넷 전법도량 염화실〉을 열며 타이틀을 '사람이 부처님이다'라고 붙여놓고 백날 이야기하지만, 언제 마음에 와 닿을지 알 수 없습니다.

 "부처와 중생이 둘이 아니니, 자연히 구경(究竟)에는 다름이 없다." 즉 '결국엔 부처와 중생이 다름이 없다는 것을 알게 될 것이다.'라는 기대가 이 글귀에 포함되어 있다고 볼 수 있습니다. 지공 스님의 이 기대에 우리가 빨리 영합하려면, 이러한 말씀들을 깊이 사유해서 타당성을 느끼고 찾아내야 합니다.

 '아 맞는 말이야! 아무리 생각해보고 아무리 따져봐도 사람이 부처가 아닐 이유는 아무 것도 없다! 사람 외에 달리 뭐가 있어서 또 부처가 있겠나'

 이런 것들이 충분히 이해가 되어야 합니다. 설사 마음 속 깊이 느끼지 못한다 해도, 최소한 이론적으로는 무장이 되어, 누가 물으면 지체없이 이런 대답이 나와야 됩니다. 그러려면 자꾸 부처님, 조사스님의 말씀을 많이 접하고, 접한 만큼 깊이 사유하고, 우리 마음에 깊이 젖어들어야 합니다.

25.
법성은 본래 항상 고요하고
넓고 넓어서 끝이 없는데

法性本來常寂하고 **蕩蕩無有邊畔**이라
법성본래상적　　　탕탕무유변반

앞에서 '법계(法界)'라는 말에 대해서, 우주라는 말보다도 범위를 더 크게 잡았을 때를 말한다고 했습니다. '법(法)'이 진리이기 때문에, 법을 설하는 것을 '법의 문에 들어간다'고 해서 '법문(法門)'이라 한다고도 설명했습니다.

"법성본래상적(法性本來常寂)", 이 구절에서의 법은 '세상에 존재하는 모든 것'을 말합니다. 모든 사물, 소리, 변화, 작용 등이 법입니다. 꽃 피고, 새 울고, 말을 한다는 사실도 법입니다. 법 속에 모든 것이 다 들어갑니다. 그런데 그런 모든 일들의 본성은 본래 항상 고요하고, 그 넓이는 끝이 없다는 것입니다.

"법의 본성은 본래 항상 고요하다", 그런데 우리 현실은 어떻습니까? 늘 상대적인 상황 속에 놓여 있고, 그 상대적인 상황들을 쫓아가고, 분별하고, 간택하고, 좋아하고, 싫어하고, 시끄럽고, 어지럽고, 움직이며 한 순간도 그냥 가만히 있는 모습이 아닙니다. 그것이 중생들의 살림살이고 사는 일입니다.

그 속에 고통이 있습니다. 우리가 성인의 가르침을 공부하는 이유가 여기 있습니다. 조금이라도 덜 휘둘리고, 정신을 차리고, 내가 부림을 당하는 것이 아니라 가능하면 상황과 환경을 부려가면서, 주체적으로 살려는 노력인 것입니다.

임제 스님의 큰 법문 중에 '수처작주(隨處作主)'라는 말이 있습니다. '어느 곳에 있든지 주체적으로 살라'는 말입니다. 상황에 휘둘리거나, 정신을 빼앗기거나, 나 자신을 잃어버리지 말고, 주체적으로 살라는 것입니다.

누군들 주체적으로 살고 싶지 않겠습니까? 그러면 주체적으로 살려면 어떻게 해야 하는가? 상대적으로 구성되어 있는 현상의 본질을 꿰뚫어보는 눈이 있어야 합니다. 그러한 눈이 있다면 빼앗기거나 휘둘리거나 하지 않을 것입니다. 그런데 우리는 '현상의 본질을 꿰뚫어보는 눈'이 없기 때문에, 늘 빼앗기고, 휘둘리고, 취사선택해야 되고, 좋아하고 싫어해야 되고, 갈등해야 되고, 고통을 겪어야 합니다.

26.
편안한 마음으로 취하고 버리는 사이에
저 두 가지 경계에 휘말리는구나

安心取捨之間에 被他二境回換이로다
안 심 취 사 지 간　 피 타 이 경 회 환

 "안심취사지간(安心取捨之間)에"라고 했습니다. 안심(安心)이라는 것은 '마음 놓고'라는 뜻입니다. '마음을 턱 놓고, 마음에 드는 것은 취하고 마음에 들지 않는 것은 버리는 사이에'라는 말입니다.

 취사선택을 하는 것은 우리의 일상생활이고, 언제나 그렇게 살아왔으므로 업이며 습관이 되어버렸습니다. 일상생활이 된 것이므로 거기에 어떤 머뭇거림도, 옳은가 그른가 분별심도 없습니다. 깊은 생각 없이 덥석 마음에 들면 취하고, 들지 않으면 버립니다. 그래서 안심취사지간(安心取捨之間)입니다.

 "마음 놓고 취사하는 사이에, 피타이경회환(被他二境回換)이로다" 이경(二境)이란 취할 것과 버릴 것의 두 가지 경계를 말합니다. 그 두 가지 경계에 서로 휘말리는 것을 말합니다. 회환(回換)은 교환(交換)이라 해도 틀린 말이 아닙니다. 말하자면 마음을 빼앗겨 버린다는 뜻입니다. 어떤 경계가 내 속에 들어와 내 자리를 차지하고 있고, 나는 또 그 경계에 휘말리고, 쫓아가고, 빠져있고, 집착하게 됩니다. 그야말로 수처작주로 살지 못하고, 경계에 휘말려 예속이 되어서 사는 것입니다. 이것은 주인의 삶이 아니라 종의 삶입니다. 피타이경회환(被他二境回換)입니다.

이 모든 것들이 우리가 안심하고 무심코 취사(取捨)하는 사이에 벌어집니다. 우리의 실상을 잘 보여주는 대목입니다. 『신심명』이나 『대승찬』이 선시(禪詩)이며 진리를 드러내는 글로서, 짧지만 뛰어난 것으로 높이 평가 받는 까닭이 바로 이렇게 정곡을 찌르는 표현들 때문일 것입니다.

깨달은 사람의 안목으로 볼 때는 그저 눈에 보이면 덥석덥석 취하고, 취하기만 하는 것이 아니라 싫으면 금방 또 분별하고, 자기 나름의 저울질을 끊임없이 해가며 취사선택하는 우리의 삶이 기가 막힐 것입니다.

『임제록』에 보면 '촉비양(觸鼻羊)'이라는 말이 나옵니다. 코에 닿기만 하면 뭐든지 먹어치우는 양을 말합니다. 중생들의 삶이 촉비양과 같습니다. 자기 자신의 삶인데도 주체적이지 못하고 덮어놓고 이리저리 시시비비하며 끌려다닙니다. 우리의 상황이 그렇습니다.

27.
용모를 단정히 하고 앉아 선정에 들어
경계를 거둬들이고 마음을 안정시켜 관찰하지만

斂容入定坐禪하고　攝境安心覺觀이나
염용입정좌선　　　섭경안심각관

 '염용(斂容)'이라는 것은 용모를 거둬들인다, 즉 단정히 하고 가다듬는다는 말입니다. 용모를 단정히 해서, 선정에 들어 좌선에 듭니다. 좌선하기 전에 몸도 펴고, 준비 운동도 적당히 합니다. 얼굴과 몸자세를 바로 합니다. 척추를 똑바로 세우고, 코는 배꼽과 일직선이 되게 하고, 양쪽 귀는 두 어깨와 일직선이 되게 하고, 앞뒤로도 좌우로도 기울지 않게 하는 이런 것들이 '염용입정좌선(斂容入定坐禪)'입니다.

 자세를 가다듬어 좌선을 합니다. 그러고 나서 경계를 거둬들입니다. 경계를 쫓아가고 경계에 팔리던 마음을 거둬들여 마음을 편안히 해서 각관(覺觀)합니다. 화두나 호흡을 살피는 것, 망상을 살피는 것, 자비관이나 인연관, 원시관 등 화두선과 관법이 이 각관이라는 말에 다 포함이 됩니다. 그렇게 모양을 갖춰, 화두를 들거나 관(觀)을 지어간다는 것입니다. 그러나⋯.

28.
나무로 만든 꼭두각시가 도를 닦는 것과 같으니
언제 피안에 도달할 수 있겠는가

機關木人修道니 **何時得達彼岸**이리오
기관목인수도   하시득달피안

'기관목인(機關木人)'은 꼭두각시이고, 말하자면 로봇입니다. 정신이라는 것이 없습니다. 조각해 놓은 사람이 자기 의지는 아무 것도 없는데, 무슨 도를 닦겠습니까? 마치 기관목인이 도를 닦는 것과 같은데 어느 때에 피안에 도달할 수 있겠습니까? 그렇게 좌선한다고 해서, 그것이 꼭 피안에 이르는 길은 아니라는 것입니다.

그렇다고 해서 그것이 나쁜 일이라는 것도, 수도 방법으로서 틀렸다는 것도 아닙니다. 단지 그것이라야만 꼭 도를 이루고, 피안에 이를 수 있으며, 열반을 증득할 수 있다고 생각하는 것은 큰 잘못이라는 것입니다.

하나의 방법은 될 수 있지만, 그것이 꼭 깨달음을 보장해 주지는 않습니다. 좌선을 하더라도 집착에 떨어지지 않는 마음을 가지고 해야 올바른 좌선이 된다는 것입니다. 그것은 어떤 수행도 마찬가지입니다. 결국 중도(中道)라는 말이 나오는데, 수행에 있어서도 역시 중도적인 안목으로 수행을 해야 바른 수행이 된다는 말입니다.

29.
모든 법은 본래 텅 비어서 집착할 것이 없고
경계는 뜬구름같이 모였다가 흩어진다

諸法本空無著이요 **境似浮雲會散**이로다
제법본공무착   경사부운회산

 앞에서도 '법(法)'에 대해 약간 설명 드렸습니다만 '제법(諸法)'이라는 말 속에는 물건, 사건, 꽃이 피고 지고 하는 변화까지 존재하는 모든 것들을 포함합니다. 그런데 그것은 본래 공해서 집착할 것이 없다는 것입니다.

 '공(空)'이라고 하는 말도 앞서 설명드렸습니다. 분석공(分析空), 필경공(畢竟空), 당체즉공(當切卽空) 등을 살펴보았습니다. '제법이 본래 공하다'고 하는 것은 당체즉공의 입장입니다. '본래공(本來空)이다', 그 자체가 그대로 공이니 집착할 것이 없음이요, 경계라고 하는 것은 뜬구름과 같아서 모이고 흩어지고, 흩어졌다 다시 모인다는 것입니다.

 '일체 세상에 존재하는 것은 뜬 구름과 같다', 좋은 표현입니다. 우리 인생도 뜬구름과 같다는 표현을 하지 않습니까.

삶은 어디서 왔는가

죽음은 어디로 가는가

삶은 한 조각 구름이 일어남이요

죽음은 한 조각 구름이 사라짐이라

뜬구름 자체가 본래 아무 것도 없듯이

삶과 죽음의 오고감 또한 그러하리

生從何處來 死向何處去
생 종 하 처 래   사 향 하 처 거

生也一片浮雲起　死也一片浮雲滅
생 야 일 편 부 운 기   사 야 일 편 부 운 멸

浮雲自體本無實　生死去來亦如然
부 운 자 체 본 무 실   생 사 거 래 역 여 연

 우리 인생도 그렇고, 경계라는 것도 그렇습니다. 마치 뜬구름이 흩어지고 모이고, 모이고 흩어지는 것과 같습니다.

30.
본성이 원래 공임을 문득 깨달으면
마치 열병에 걸린 사람이 땀을 낸 것과 같다

忽悟本性元空하면　**恰似熱病得汗**이라
　홀 오 본 성 원 공　　　　홀 오 본 성 원 공

　열병이라는 것이 펄펄 끓게 열이 나다가도, 땀을 흠뻑 내버리면 열이 발산되어 씻은 듯이 나아버립니다. 깨달음이라는 것도 본성이 공한 줄만 알면 '언제 미혹하고 있었던가?' 하게 된다는 것입니다. 열병에 시달린 사람이 땀을 푹 내고 나면 가뿐하게 낫듯이, 원래 공한 것을 깨닫고 난다면 우리 인생이 얼마나 가뿐하겠습니까?

31.
지혜 없는 사람 앞에서는 말하지 말지니
그대를 두들겨 패서 산산이 흩어버리게 되리라

無智人前莫說하라 **打爾色身星散**하리라
무지인전막설   타이색신성산

 멋진 말입니다. "무지인전막설(無智人前莫說)하라, 지혜 없는 사람 앞에서는 말하지 말라", 『대승찬』에서 아주 유명한 구절입니다. 조사스님들도 많이 인용했습니다. 워낙 뜻이 뛰어나기 때문이지요.

 어느 정도 이해가 되는 사람들에게 이야기를 해야지, 이해가 전혀 안 되는 사람에게는 곤란합니다. 그래서 부처님께서는 근기를 살펴가면서 상대방에 알맞은 설법을 하셨습니다.

 옛말에 "이해해 줄 만한 사람인데도 말을 하지 아니하면 사람을 잃는다." "이해 못할 사람에게 말을 하면 말을 잃어버린다." 하는 말도 있습니다. 또 "말해서 못 알아들어도 본전이다."라는 말도 있는데, 일단 말한 것은 손해입니다. 의미가 아주 깊고 훌륭한 말이라면 사실 더 큰 손해입니다. 그러나 그런 손해를 무릅쓰고라도 알아들을 만한 사람에게는 말을 해야 된다는 것입니다. 그래야 사람을 잃지 않습니다.

만약 지혜 없는 사람 앞에서 말을 한다면, 그대의 육신〔色身〕을 두들겨 패서 저 하늘에 흩어져있는 별〔星散〕처럼 사정없이 산산이 흩어버리게 될 것이라고 했습니다. 몸뚱이를 가루가 되도록 두들겨 팰 것이라는 표현입니다.

32.
그대들 중생에게 바른 도를 알려주노니
있지 않음이 곧 없지 않음이니라

報爾衆生直道하노니 **非有卽是非無**니라
보이중생직도   비유즉시비무

"보이중생직도(報爾衆生直道)하노니 비유즉시비무(非有卽時非無)라, 그대들 중생에게 바른 도를 일러주노니 있지 않은 것이 곧 없지 않은 것이다."라고 했습니다. 있지 않은 것과 없지 않은 것이 결국 둘이 아니니, 있고 없음에 집착하지 말라는 것입니다. 유무(有無)가 하나임을 깨닫는 것이 바로 바른 도임을 설파하고 있는 구절입니다. 뒤에도 그대로 내용이 이어지고 있습니다.

33.
있지 않음과 없지 않음이 둘이 아니니
무엇 때문에 있음에 대하여 없음을 논하랴

非有非無不二니 何須對有論虛리오
비 유 비 무 불 이　　하 수 대 유 논 허

여기서는 있음과 없음을 말하지 않고, 아예 있어도 있는 것이 아니고 없어도 없는 것이 아닌 좀더 높은 단계를 이야기하고 있습니다. 높은 차원을 먼저 이야기한 끝에, '그러니 어찌 모름지기 있음에 대해서 없는 것을 논하겠는가?'라고 말하는 것입니다. 있지 않음과 없지 않음도 둘이 아닌데, 하물며 있음과 없음이 둘이겠습니까?

34.
있음과 없음은 망령된 마음이 세운 이름이라
하나가 부서지면 다른 하나도 있을 곳이 없다

有無妄心立號라　一破一箇不居니라
유 무 망 심 입 호　　　일 파 일 개 불 거

"유무망심입호(有無妄心立號)라, 있다, 없다 하는 것은 전부 망령된 마음이 세워 놓은 것이다." 꿈을 꾸니까 꿈 속에 친구가 있고 다른 온갖 것이 있는 것입니다. 꿈을 깨버리면 그 안에 상(相)이 어디 있으며, 친구가 어디 있으며, 설사 벼슬과 돈을 얻었다 한들 벼슬과 돈이 어디 있겠습니까?

우리 입장에서 쉽게 납득은 안 됩니다. 그러나 성인(聖人)의 안목으로 세상을 보고 인생을 본 것을, 익히 들어서 비록 사량분별이지만 어느 정도 짐작은 가능하리라 믿습니다.

"일파일개불거(一破一箇不居)니라, 하나가 부서지면 또 다른 하나가 있을 곳이 없다." 불거(不居)는 있지 못한다는 뜻입니다. 상대적인 것이기 때문에 그렇습니다. 깨닫지 못한 우리는 늘 유무(有無)뿐 아니라 모든 현상이 상대적으로 구성되어 있다고 봅니다.

35.

두 개의 이름은 그대의 생각으로 말미암아 생기니
생각이 없으면 곧 본래 참되고 여여하리라

兩名由爾情作이니라　**無情卽本眞如**니라
양 명 유 이 정 작　　　　무 정 즉 본 진 여

"양명유이정작(兩名由爾情作)이니라, 상대적으로 구성되어 있는 두 가지 이름은 그대의 생각을 말미암아서 지어진 것이다." 우리는 세상은 전부 상대적으로 이루어져 있다고 알고 있고, 아예 의식 속에 각인(刻印)되어 있습니다. 그러나 그것은 '의식'이라고 하는 그대들 '망령된 생각〔妄情〕'이 짓는 것이라 했습니다.

"무정즉본진여(無情卽本眞如)니라, 망령된 생각이 없을 것 같으면 그대로 본래 참되고 여여한 것이다." 진여(眞如)는 '본래 참되고 여여한 것'이라고 설명하면 되겠습니다. 참되고 여여한 것! 다른 설명이 붙을 수가 없습니다.

36.
만약 생각을 두고 부처를 찾으려 한다면
그물로써 산에서 고기를 잡으려는 것과 같다

若欲存情覓佛하면은 **將網山上羅魚**라
약 욕 존 정 멱 불　　　　　장 망 산 상 라 어

망정(妄情)이 떨어져야 부처라고 하는 것이 보이는데, "약욕존정멱불(若欲存情覓佛)하면, 만약에 망정을 가지고 부처를 찾을 것 같으면, 장망산상라어(將網山上羅魚)라, 그물을 들고 산에 떡 올라가 고기를 잡는 것이다."

이것은 도저히 있을 수 없고, 얼토당토 않은 일이다, 부처의 경지는 최소한 '망정이 떨어져야 한다', '망정을 벗어난 세계다' 하는 뜻입니다.

37.
헛되이 공만 들일 뿐 이익은 없으니
얼마나 공부를 잘못하는가

徒費功夫無益이니　幾許枉用工夫라
도비공부무익　　　기허왕용공부

"도비공부무익(徒費功夫無益)이니, 한갓 공부에 공만 들일 뿐 아무런 이익이 없음이니", 망정 가지고는 안 된다는 것입니다. 사실 수행이라는 것이 전부 망정으로 합니다. 처음에는 우리 살림살이가 망정뿐이므로 망정으로밖에 할 수 없는 것입니다. 그것이 우리의 한계 아니겠습니까? 그러나 망정으로 계속 밀어붙인다고 해서 될 일은 아니라는 것입니다.

어느 순간 참마음이 열리고 눈을 떴을 때, 그 때 바로 망정이 아닌 참마음이 되는 길이 열리는 것입니다. 그렇다고 망정이 구름 걷히듯이 활짝 걷히고, 맑은 하늘만 눈부시게 나타나는 식이 아닙니다. 구름 있는 그대로 하늘이라고 하는 사실을 알게 됩니다.

보통 경전이나 불교이론은 '구름이 걷히고 나야 맑은 하늘이 나타나는 것이고, 그것이야말로 진짜 하늘이다' 라고 설명하는 수가 많습니다. 대개 불교가 그렇습니다. 그러나 좀 차원을 달리한 불교는 그것이 아닙니다. 구름이 있는 것도 하늘입니다. 어디 맑은 것만 하늘입니까? 구름이 끼었어도 그대로 하늘입니다. 어느 날 구름이 끼어 있는 상태에서 하늘이라고 하는 사실을 아는 것, 즉 망정 그대로 '늘 있는 진심〔常住眞心〕'이라고 하는 사실을 아는 것이 중요합니다.

종이 한 장보다 더 얇은 차이인데도, 어떤 의미에서 보면 하늘과 땅처럼 크게 벌어지는 것처럼 느껴지는 참 묘한 이야기입니다. 곰곰이 사유해 보면 이 이치 역시 어느 정도 짐작할 수가 있습니다. 확철대오(廓徹大悟)하면 더 말할 나위가 없습니다. 소위 망정이라고 하는 이 마음 외에 달리 무엇이 우리에게 따로 있지 않습니다. 결국 우리의 마음상태가 망정입니다. 다른 어떤 무엇인가가 있는 것은 아닙니다.

보통사람들에게 구름 낀 하늘을 비유 들어 '구름이 벗어져야 맑은 하늘이 드러나고 태양이 빛난다'라는 식으로 불교를 설명하기 쉽습니다. 불교는 맑은 마음을 찾는 것이라고 생각하며 받아들이는 사람들이 많습니다. 어떤 사람들에게는 그런 이론이 필요할 것입니다. 그러나 그것이 불교 궁극의 가르침이 아니라는 사실을 알아야 합니다.

여기서 말하는 '망정이 없어지면 곧 그대로 참되고 여여하다'라고 하는 것은, 우리들의 생각이 모조리 없어지는 아주 맑기만한 상태가 아닙니다. 생각하는 그 자리에서, 생각이 없는 도리를 이해하게 된다는 것입니다.

"한갓 공(功)만 허비하며 아무 이익이 없음이니, 기허왕용공부(幾許枉用工夫)라, 얼마나 공부를 잘못하고 있는가?" 얼마나 그릇되게 공부를 쓰고 있는가? 우리가 공부를 잘못하고 있다는 것입니다.

참, 이러지도 저러지도 못하는 상황입니다. 확연히 눈을 뜨기 전에는, 망정을 버려야 되는 것도 맞지 않고, 또 망정 가지고도 되는 것이 아닙니다. 이래도 틀리고 저래도 틀립니다. 깨닫고 나면, 이래도 맞고 저래도 맞습니다.

38.
마음이 곧 부처임을 알지 못하면
진실로 나귀를 타고서 나귀를 찾는 꼴이다

不解卽心卽佛하면 **眞似騎驢覓驢**니라
불해 즉심 즉불　　　진사기려멱려

우리가 지금 보고 듣고 말하고 분별하고 격문각지(見聞覺知)하며 쓰고 있는 이 마음이 망심 같지만, 또 이 마음 외에 달리 다른 마음이 없습니다. 달리 다른 마음이 있어서 '마음이 곧 부처(卽心卽佛)'가 아닙니다. 이 마음이 바로 부처인 마음이고, 부처인 마음이 곧 이 마음입니다. 그래서 이 마음을 제거하고 달리 부처인 마음을 찾는다고 하는 것은 곧 '나귀를 타고 나귀를 찾는 격이다'라고 합니다.

마조 스님의 제자 중에 대매법상 스님이 있었습니다. 그 스님은 자기 주관이 뚜렷한 스님인데, 하루는 마조 스님에게서 '즉심즉불'이라고 하는 법문을 들었습니다. 그 말을 듣고는 그만 한 생각 돌이켜 대매산에 가서 혼자 살았습니다.

마조 스님이 보기에 상당히 그릇이 괜찮은 스님이 하나 보이더니, 어느 날 없어진 것입니다. 그래서 알아 봤더니, '그

스님은 대매산에 가서 혼자 살고 있다'는 정보가 들어왔습니다. 마조 스님이 "내가 그때 보아하니까 그릇이 꽤 괜찮아 보였는데, 어떻게 살고 있는지 가서 보고 오너라."며 시자를 보냈습니다. 그래서 시자가 가 보니, 스님이 대매산에서 혼자 살고 있는 것이었습니다.

심부름 간 이도 선지식의 시자이니 선지식의 법에 못 미치는 사람이었지요. "여기서 뭐하고 있습니까?"라고 시자가 물으니, "옛날에 마조 스님한테 '즉심즉불'이라는 소리를 듣고는, 그걸로 '내 공부는 다 됐다' 생각하고 그냥 여기서 이렇게 살고 있습니다."라고 대답했습니다.

그 말을 듣고는 시자가 "지금 마조 스님은 즉심즉불 법문 시대는 지나가고, 이제는 '마음도 아니고 부처도 아니다(非心非佛)'라는 법문을 하십니다."라고 말하니, 대매법상 스님이 "노장이야 비심비불(非心非佛)이라 하든 즉심즉불(卽心卽佛)이라 하든, 나는 즉심즉불(卽心卽佛)입니다." 이렇게 답을 하였습니다.

시자가 돌아와서 마조 스님에게 그 얘기를 했습니다. 그랬더니 마조 스님이 "아! 매자(梅子)가 숙야(熟也)로다!" 즉, '매실이 참 어지간히 익었구나!'라고 인가를 했다고 합니다. 이 이야기가 『마조록』에 있습니다.

자기 소신(所信)이 그렇게 뚜렷해야 됩니다. 말이 쉬워 소신이지, 소신은 확실하게 깨달은 안목에서 나오는 것입니다. 결국은 부처니 뭐니 하는 것도 우리 마음을 떠나서 있는 것이 아닙니다. 우리 마음이 곧 부처라고 하는 사실을 알면 끝입니다. 나귀를 타고 나귀를 찾을 수는 없는 것입니다. 종로에 앉아서 '서울이 어디냐?'라고 묻는다면, 그것은 당치도 않은 이야기입니다.

39.
일체를 싫어하지 않고 좋아하지 않으면
이 번뇌가 틀림없이 제거될 것이다

一切不憎不愛하면 遮箇煩惱須除니라
일체부증불애   차개번뇌수제

"일체부증불애(一切不憎不愛)하면, 일체 모든 존재에 대해서 미워하지도 아니하고 사랑하지도 아니한다면", 『신심명』의 단막증애(但莫憎愛)와 같은 말입니다. 다만 증애(憎愛)하지만 않으면, "차개번뇌수제(遮箇煩惱須除)니라, 이 번뇌가 모름지기 제거될 것이니라."

이것이다 저것이다 분별하고, 좋다 싫다 취사선택하는 그 자체가 번뇌입니다. 앞서 '번뇌본공(煩惱本空)'이라 했습니다. 번뇌가 따로 있는 것이 아닌데, 그렇게 분별하는 것이 번뇌가 됩니다.

40.
번뇌를 제거하면 자신도 제거하게 되니
자신을 제거하면 부처도 없고 인과도 없다

除之則須除身이요 **除身無佛無因**이라
제 지 즉 수 제 신　　　제 신 무 불 무 인

"제지즉수제신(除之則須除身)이요 제신무불무인(除身無佛無因)이라, 번뇌를 제거하면 모름지기 자신을 제거하는 것이니, 제 자신을 제거할 것 같으면 부처도 없고 인과도 없다." 내가 없으면 부처도 없고, 부처될 인(因)도 없다는 것입니다.

'인과(因果)'라는 것은 현상을 설명하는 데 반드시 필요한 것입니다. 불교 안에서는 인을 심어서 과를 맺는다는 표현이 많습니다. 그러나 인을 심어서 과를 맺는 것은 '육바라밀을 닦는 것은 인이 되고, 성불하는 것은 결과가 된다' 해서 삼아승지겁을 돌고 돌고 또 돌아서 가는 가르침이 아닙니다.

근본인 내 자신이 제거된다는 것은 내 자신을 어디 갖다 없애 버린다는 것이 아닙니다. 당체즉공(當切卽空)으로 보는 것입니다. 이렇게 말하고 듣고 보고 하는 이 자리에서 그대로 없는 것으로, 당체(當切) 그대로가 공(空)한 줄로 보는 것입니다. 그러면 거기에 부처가 붙을 자리가 있습니까? 부처가 붙을 자리가 없으면 부처라고 하는 결과를 위해서 원인을 심는 일 또한 붙을 자리가 없는 것입니다.

41.
얻을 부처도 없고 얻을 인과도 없으면
자연히 법도 없고 사람도 없다

無佛無因可得이면 自然無法無人이니라
무 불 무 인 가 득   자 연 무 법 무 인

"무불무인가득(無佛無因可得)이면, 부처도 없고 인(因)도 없는 것을 얻을 수 있으면(可得)", 그런 사실이 현전(現前)되면 "자연무법무인(自然無法無人)이니라."

"부처도 없고 인(因)도 없으면, 자연히 법도 없고 인(人)도 없다." 법(法)은 객관이고 인(人)은 주관입니다. '주관도 객관도 다 없어진다'는 말입니다.

42.
큰 도는 수행으로 말미암아 얻는 것이 아닌데
수행을 말하는 것은 어리석은 범부를 위한 방편이다

大道不由行得이라　**說行權爲凡愚**라
대 도 불 유 행 득　　　설 행 권 위 범 우

"대도(大道)는 불유행득(不由行得)이라, 큰 도라고 하는 것은 어떤 수행을 말미암아서 얻어지는 것이 아니다."

불교의 궁극적인 가르침이라고 하는 것은 세상과 우리들 인생의 현재 모습 그대로에서 완전함을 깨닫자는 것이고, 완전함을 발견하는 데 뜻이 있습니다. 깨달으신 분들은 끊임없이 이런 이야기를 합니다. 『신심명』, 『증도가』에서 그랬고, 또 이 『대승찬』에서도 그렇습니다. 이 도리에 제대로 눈을 뜬 조사스님들이 듣는 사람들의 수준이나 근기를 감안하지 않고, 그야말로 당신이 깨달으신 안목 그대로 말한다면 반드시 이렇게 말할 수밖에 없습니다. 그 외에 다른 이야기가 있다면 그것은, 방편(方便)이나 근기와 수준을 감안해서 이야기한 것이라고 보아야 됩니다. 불교는 방편이 99%가 되지 않을까 하는 생각이 들 정도입니다.

"설행권위범우(說行權爲凡愚)라, 온갖 수행을 말하는 것은 방편으로 어리석은 범부를 위하는 것이다." 여기서 권(權)은 방편입니다.

영가 스님의 『증도가』에도 "구불시공조만성(求佛施功早晩成)", 즉 '부처를 구하기 위해서 공을 베푸는 것, 수행을 쌓는다는 것이 언제 이루어지겠는가?' 라고 하였습니다. '도대체 삼아승지겁(三阿僧祇劫)이 무슨 소리냐?' 하는 것입니다. 삼아승지겁이라는 것이 얼마나 긴 세월입니까? 바로 코앞에 부처가 있는데 그건 놔두고, 왜 삼아승지겁을 돌고 돌아서 부처가 되느니 어쩌느니 그런 소리를 하느냐 이 말입니다.

내생도 보장 못하는데 삼아승지겁을 누가 보장하겠습니까? 말도 안 되는 소리를 하는 것입니다. 사실 우리가 조금만 불교에 대해서 관심을 가지고 이런 이치를 눈여겨 보면 이해가 되는 내용이기도 합니다. 그러나 워낙 사람들의 근기가 다양하다 보니 수행이나 방편을 이야기하는 내용들이 많고, 그것이 오히려 더 설득력이 있습니다.

보통 사람들에게는 '무언가 노력을 해야 좋은 결과가 돌아오지 않겠느냐' 하는 것이 상식입니다. '하는 것도 없이 뭐가 돌아오겠느냐' 이렇게 보는 것입니다. 그러나 좀 더 차원을 달리해서 생각해야 할 것이 '현재 우리가 살고 있는 이대로 완전무결한 것이다', '흠소심마(欠所甚麽)오, 모자란 것이 도대체 뭐냐?' 하는 것입니다.

부처님도 꽃을 척 들어 보였지 않습니까? 꽃을 들어 보이신 그 사실이 바로 모든 것입니다. 모든 것이 그 속에 다 포함되어 있습니다.

"대도(大道)는 불유행득(不由行得)이라 설행(說行)은 권위범우(權爲凡愚)다, 큰 도는 수행으로 말미암아 얻는 것이 아닌데 수행을 말하는 것은 어리석은 범부들을 위한 방편이다." 팔만사천 수행, 육바라밀, 참선, 기도, 염불, 간경 등을 열심히 해야 된다고 얼마나 많이 강조합니까?

그런데 '그러한 수행은 전부 방편으로 어리석은 범부를 위해서 하는 말이다.' 라고 했습니다. 시원하고 좋습니다. 이쯤 되어야 우리같이 게으른 사람들이 좀 숨을 쉬게 됩니다. 안 그러면 삼아승지겁을 닦아야 되고, 팔만위의와 삼천수행을 갖춰야 합니다. 이런 조건이 만약 꼭 필요한 것이라면, 숨이 막혀서 어디 사람 살겠습니까? 이치가 그렇게 되는 것만은 아닐 것입니다. 보통 상식으로 미루어 생각하더라도 틀림없습니다. 그러나 어리석은 근기도 또한 많기 때문에, 수행을 해야 한다는 말씀이 경전이나 어록에 많은 것입니다. '방편은 그 근기에 맞는 어리석은 범부들을 위해서 있는 것이다',

이 사실을 꼭 새겨두어야 합니다. 그래야 삿되지가 않습니다.

불교공부 해서 아무 것도 깨닫지 못하더라도 삿되지만 않으면 큰 다행이라고 생각합니다. 투철하게 깨달으신 분들의 이런 말씀들을 통해서, 그 동안 우리가 상상하고 설계해 놓은 불교를 다 비워버려야 합니다. '아! 불교라고 하는 것은 아무 것도 없는 것이구나, 무언가 있다면 오히려 삿된 것이고 잘못된 것이구나' 라고 아는 게 사실은 바로 아는 것이고, 그것이야말로 불교 안에서 제일 수준 높은 앎입니다. 첨단 불교라고도 할 수 있겠습니다.

43.
이치를 깨닫고 돌이켜 수행을 살펴본다면
잘못 공부한 것을 비로소 알리라

得理返觀於行하면 **始知枉用工夫**리라
득리반관어행　　　시지왕용공부

"득리반관어행(得理返觀於行)하면, 이치를 깨닫고 나서 수행을 돌이켜 보면", 육바라밀과 참선, 기도, 염불 할 것 없이 수행을 얼마나 했든지 간에 그것을 돌이켜서 살펴볼 것 같으면, "시지왕용공부(始知枉用工夫)리라, 비로소 그릇 공부한 것임을 알게 될 것이다."

산골에 눈이 많이 쌓여서 오두막에 사는 사람이 피난을 갔습니다. 한참 가다보니 발자국이 나왔습니다. 눈은 계속 내리고 밤은 되어 어둡기는 한데 앞서 간 사람의 발자국이 있어서 그 발자국을 계속 따라갔습니다. 밤이 이슥하도록 따라갔는데도 눈은 계속 퍼부었습니다. 그래도 희미한 발자국을 계속 따라가다보니, 마침내 날이 밝아서 그 주변을 살펴볼 수 있게 되었습니다. 그런데 밝은 빛으로 살펴보니 그 발자국은 자기가 걸어간 발자국이었고 자기 집을 밤새도록 뱅뱅

돌고 있었더라는 것입니다.

'그와 같이 이치를 얻고 나서 수행이라는 것을 돌이켜서 살펴볼 것 같으면, 그릇 공부한 것을 비로소 알게 될 것이다', 밤새도록 헛걸음한 것입니다. 눈이 오는데 가본들 어떻게 하겠습니까? 잘못하면 눈길 가다가 몸이 싸늘하게 식어서 일생을 마칠 수도 있습니다. 제가 오대산에 살 때도 겨울에 그런 일들이 종종 있었습니다. 이건 하나의 비유를 들어서 이야기 한 것입니다.

우리는 각자 무슨 수행이든, 수행이라는 것을 합니다. 그러나 '수행을 잘 하면 좋은 결과를 가져 올 것이다'라고 예측하면서 한다면, 그것이 아무리 좋은 수행이라 해도 백발백중 삿되게 된다는 것입니다.

주의해야 될 일입니다. '불교공부 해서 깨닫지 못해도 좋으니까, 제발 삿되게만 되지 말라' 하는 것이 제가 평소 강조하는 것입니다.

44.
원만하게 통하는 큰 이치를 아직 깨닫지 못했다면
요컨대 말과 행동이 서로 돕게 해야 한다

未悟圓通大理하면 **要須言行相扶**니
미오원통대리　　　요수언행상부

"미오원통대리(未悟圓通大理)하면 원통대리(圓通大理)를 깨닫지 못할 것 같으면", 대리(大理)는 대도(大道)나 지도(至道)와 똑같은 말입니다. '원만하게 통해 있는 큰 이치를 깨닫지 못할 것 같으면'이라는 뜻입니다.

원만하게 통해 있다는 게 뭡니까? 달리 수행을 필요로 하는 것이 아니라 '그대로'라는 것입니다. 그대로라야 모든 사람에게 다 해당이 됩니다. 그것이 원통대리(圓通大理)입니다. 만약에 어떤 조건에 의해서 깨달음을 이루고 어떤 결과를 가져온다고 한다면, 그것은 아주 소수에게 해당되는 일일 것입니다. 현재 있는 그대로 모든 것이 인정이 되어야, 그것이 원통대리(圓通大理)입니다.

그런 이치를 깨닫지 못할 것 같으면, "요수언행상부(要須言行相扶)니, 요컨대 모름지기 언(言)과 행(行)을 서로 도울지니"

라고 했습니다. 툭 한마디에 깨달아버리면 끝이지만, 그렇지 못하다면 말과 행동이 서로 도우며 보조를 맞추어야 된다는 것입니다. 아주 필요한 것입니다.

깨닫기 전에야 '여설수행(如說修行)', 즉 부처님 말씀대로 수행해야 합니다. 언행이 상부(相扶)해야 되고 언행일치가 되어야 합니다. 일단 우리가 할 수 있는 일은 그것입니다. 여기서는 '요수언행상부(要須言行相扶)'라고 요구하고 있지만, 깨달은 뒤에는 그럼 어떻게 사느냐? 마찬가지입니다. 깨닫기 전이나 깨달은 후나 사실은 똑같습니다. 언행상부입니다. 말과 행이 서로 일치되는 삶을 말하는 것입니다.

45.
알음알이에 집착하지 말라
빛을 돌려 근본에 돌아오면
본래 아무 것도 없기 때문이다

不得執他知解하라　**廻光返本全無**니라
부득집타지해　　　회광반본전무

"부득집타지해(不得執他知解)하라, 다른 사람들의 알음알이를 집착하지 말라. 회광반본전무(廻光返本全無), 빛을 돌이켜서 근본에 돌아오면 온전히 없다." 그러니까 수행이라고 하는 것이 그야말로 '밤새도록 앞서간 사람의 발자국을 쫓아갔는데, 결국 그것은 자기 발자국이었고 아무 것도 없더라' 하는 것입니다.

46.

누가 이러한 말을 이해하겠는가
그대에게 이르노니 자기에게서 미루어 찾아라

誰有解會此說가 教君向己推求하라
수 유 해 회 차 설   교 군 향 기 추 구

"수유해회차설(誰有解會此說)가, 누가 있어서 이런 말을 이해하겠는가", '이해할 해(解)' 자입니다. 회(會)자도 '알 회' 라고 합니다. 해회(解會)하겠는가? 누가 이런 이야기를 알겠는가? 지공 스님께서도 이렇게 뛰어난 가르침을 설명하시다가 '아! 알 사람이 누가 있겠나?' 하는 말씀을 하십니다.

"교군향기추구(敎君向己推求)하라, 그대들에게 이르노니 자기를 향해서 추구하라"고 합니다. 자기에게 미루어서 찾아보라는 이야기입니다. 자기에게서 찾을 일이지 다른 사람, 다른 설명, 다른 노력, 다른 어떤 특별한 수행 등에서 찾을 것이 아니라는 것입니다. 실로 자기에게서 찾는다는 것만 깨달으면 공부가 다 되었다 해도 무방합니다.

47.
스스로 지난날의 허물을 보아서
오욕의 부스럼을 없애야 하리라

自見昔時罪過하야 **除却五欲瘡疣**니라
자견석시죄과　　　제각오욕창우

 '자견석시죄과(自見昔時罪過)하야, 스스로 옛날의 죄과를 잘 살펴보아서, 제각오욕창우(除却五欲瘡疣)니라, 오욕의 창우를 제할지니라.' 창우(瘡疣)는 부스럼입니다. 사람이 살아있는 동안 '안이비설신의(眼耳鼻舌身意)'를 통해서 온갖 하고 싶어하는 것들이 많습니다. 오욕(五欲)의 부스럼, 하고 싶은 모든 것들이 다 부스럼입니다.

 그것들은 이치를 알면 봄날에 눈 녹듯이 녹습니다. 확연히 이치를 모르면 녹긴 녹을 지라도 아주 힘이 듭니다. 깨치지 못하고 가르침을 통해서 녹이려고 하면 힘이 듭니다.

48.
해탈하여 소요자재하면
곳곳에서 풍류를 값싸게 파느니라

解脫逍遙自在하면 **隨方賤賣風流**니라
해 탈 소 요 자 재　　　수 방 천 매 풍 류

"해탈소요자재(解脫逍遙自在)하면, 해탈해서 소요자재하게 될 것 같으면", 그러니까 오욕의 문제라든지 수행의 문제라든지, 또는 어떤 상대적인 편견과 다른 견해들로부터 해탈해서 소요자재할 것 같으면, "수방천매풍류(隨方賤賣風流)니라, 어디에 가든지 간에 풍류를 아주 값싸게 판다"는 것입니다. 천매(賤賣)는 '천하게 판다' 는 뜻입니다.

도인들이 설법하는데 어디 돈 받고 설법하고 비싸게 거드름을 피우며 설법할 까닭이 있겠습니까? 만약 누구라도 그런 것이 있으면 그 사람은 덜 떨어진 사람이고 모자란 사람입니다. 부처님이 언제 값 받고 설법한 적이 있습니까? 도인들도 마찬가지입니다. 그런 문제에 관심이 있다면 그건 틀림없이 도가 아닙니다.

그러면 도(道) 있는 사람을 어떻게 알아보겠습니까? 도를 이룬 사람이야 도가 어느 정도인지 설명도 필요 없이 잘 알아보겠지만, 도를 이루지 못한 사람은 어떻게 아는가? 8풍(八風), 여덟 가지 바람을 쏘여 보면 안다는 것입니다. '이(利), 쇠(衰), 훼(毀), 예(譽), 칭(稱), 기(譏), 고(苦), 락(樂)'의 8풍을 쓰윽 불어보는 것입니다.

사실 이 여덟 가지 바람을 전부 쏘여볼 것도 없이 이익과 손해 두 가지 바람만 가지고도 됩니다. 뜻밖에 아주 횡재를 했을 때 그 사람의 마음에 동요가 있는가? 또 전혀 손해 볼 일이 아닌데 손해를 본 경우에 그 사람의 마음에 어떤 동요가 있는가? 흔들리는 여부를 보고 그 사람이 도가 있는지 없는지 알 수가 있다는 것입니다. 이익과 손해, 칭찬과 비방, 고통과 즐거움의 바람 등에 마음이 흔들리는가를 보며 도를 가늠할 수 있다는 것입니다.

"해탈해서 소요자재할 것 같으면 어느 곳에 가든지 풍류를 아주 값싸게 판다", '풍류를 값싸게 판다'는 표현이 재미있습니다.

49.
누가 살 마음을 낸 사람인가
사게 되면 나와 같이 근심 없으리라

誰是發心買者인가 **亦得似我無憂**리라
수시발심매자　　　역득사아무우

　"수시발심매자(誰是發心買者), 누가 마음을 내서 살 사람인가." 이 풍류, 도(道)에 관한 이것을 누가 살 사람인가. 풍류를 이렇게 값싸게 파는데, 살 사람이 있으면 참 좋을 것입니다. "역득사아무우(亦得似我無憂)리라, 이 풍류를 만약 사게 될 것 같으면, 나와 같이 정말 아무런 근심 없는 삶을 살게 될 것이리라.

　그렇습니다. 아무리 좋은 물건이 즐비해도 사서 내 것으로 취하지 않으면 아무 소용이 없습니다. 도(道), 수행도 마찬가지입니다. 수행할 마음을 내고 직접 도를 닦아서 내 안의 불성(佛性)을 찾는 게 중요합니다. 수행하면 좋은 물건을 취해서 기분 좋은 것과도 비교도 안 될 정도로 기쁩니다. 참으로 근심 없는 삶을 살게 되는 것입니다.

50.

안팎의 견해가 모두 나쁘면
불도와 마도가 모두 잘못이네

內見外見總惡하면 **佛道魔道俱錯**이라
내견외견총악　　　　불도마도구착

"내견외견총악(內見外見總惡)하면, 내견도 악하고, 외견도 나쁘다." 내면을 보는 안목과 외면을 보는 안목, 모두 바르지 못하고 삿되다는 것입니다. 그럴 것 같으면 "불도마도구착(佛道魔道俱錯)이라, 불도(佛道)도 모르고 마도(魔道)도 모른다." 그래서 함께 그르친다는 겁니다. 꽉 막힌 사람, 모르는 사람에게는 쥐어주어도 모릅니다. 더욱 중요한 것은 그런 사람일수록 편견과 고집이 세다는 겁니다. 불도도 모르고 마도도 모르는 사람이 앞뒤로 꽉 막혀서 자기 주장만 해대면 그야말로 어디로 튈지 모릅니다. 자칫하면 제대로 된 사람도 함께 그르칠 수 있으니 피하는 게 상책입니다.

51.
이 두 가지 커다란 악마에게 사로잡히면
즉시 괴로움을 싫어하고 즐거움을 구하리라

被此二大波旬이면　便卽厭苦求樂하리라
피 차 이 대 파 순　　　 갱 즉 염 고 구 락

"피차이대파순(被此二大波旬)이면", 이 두 가지 큰 파순〔二大波旬〕은 파순과 부처를 말합니다. 파순은 마왕의 대장입니다. 마의 무리도 여러 가지가 있습니다. 그 대왕을 파순이라고 하니, 마구니 중에서 대장인 마왕은 나쁜 쪽 대장이고, 부처는 말하자면 성인 쪽 대장이라는 뜻입니다.

마왕과 부처 이대파순(二大波旬)이 있게 될 것 같으면, "변즉염고구락(便卽厭苦求樂)하리라, 곧 괴로움을 싫어하고 즐거움을 구하리라." 팔풍(八風)에 고(苦)와 낙(樂)이 있었습니다. 고통을 싫어하고 즐거움을 구하면 그대로 파순에 휘말리는 것이고, 부처도 모르고 마구니도 모르게 되는 것입니다. 늘 말씀드렸듯이, 양변(兩邊)에 치우치지 않는 중도(中道)의 중요성에 대해 말하는 것입니다. 참된 삶, 깨달음의 도리는 바로 중도를 말합니다.

우리가 세상사를 사는 데 비록 큰 깨달음은 얻지 못하고 사량분별을 통해서 삶을 가꿔간다 하더라도 중도적 삶을 사는 요령이 있습니다. 그것은 '내가 상대적인 그 무엇에 치우쳐 있지 않는가?' 이것을 살필 줄 아는 것입니다. 툭 터져가지고 하는 일마다 도의 이치에 저절로 맞아 떨어진다면야 더할 나위 없겠지만, 우리로서야 당연히 그렇지 못합니다.

그렇지만 사고(思考)를 통해서라도 참 도(道)나 삶의 이치를 가려내고 알아내야 합니다. 가장 중요한 요령이라는 것이 바로 '내가 어디 치우쳐 있지 않은가'를 살필 줄 아는 것입니다. 일례로 우리가 교통사고가 났는데 나와 가까운 사람에게 치우쳐 그 사람의 말은 거의 비판없이 받아들여 옳다고 하고, 모르는 사람의 생각이라고 해서 다른 사람의 주장은 무조건 잘못됐다고 생각하지는 않는지 살펴보아야 합니다. 이런 것들을 점검하여 내가 얼마나 치우쳐 있는가, 그렇지 않은가를 알 수 있습니다. 비록 사변으로써 중도(中道)를 생각하고 있지만, 스스로 점검해 보는 그 일이 거의 중도에 가까운 삶을 사는 하나의 열쇠가 되는 것입니다.

52.
삶과 죽음의 본바탕이 공임을 깨닫게 되면
부처와 마구니가 어느 곳에 붙어 있겠는가

生死悟本體空이면 **佛魔何處安著**이리오
생 사 오 본 체 공　　　불 마 하 처 안 착

"생사오본체공(生死悟本體空)이면, 불마하처안착(佛魔何處安著)이리오." 생사에서 근본인 체가 본래 공(空)한 줄을 깨달을 것 같으면, 부처니 마구니니 하는 것이 어느 곳에 안착하겠는가, 어디 붙을 때가 없다는 것입니다.

생사의 근본이 본래 공한데, 그 사실을 우리가 안다면 '나'라는 것도 역시 '공'하다는 것을 알게 됩니다. 내가 공해야 생사가 공합니다. 나 위에 건립된 것이 생사이기 때문입니다. 그렇다면 부처니 마구니니 하는 것이 붙을 자리가 없잖습니까? 당연한 이야기입니다.

53.
다만 망령된 생각으로 분별하기 때문에
전신도 후신도 외롭고 보잘 것 없어

只由妄情分別하야 前身後身孤薄이라
지유망정분별   전신후신고박

"지유망정분별(只由妄情分別)하야 전신후신고박(前身後身孤薄)이라, 다만 망령된 생각〔妄情〕을 말미암아 분별(分別)했기 때문에 전신(前身)도 후신(後身)도 다 고루하고 박복하다."

'전신, 후신' 하는 것은 과거 내가 살아온 삶과 오늘 이후의 삶을 말합니다. 그 삶이 전부 고루하고 박복하다면, 그것은 틀림없이 망정으로 분별(分別)해서 그렇다는 말입니다.

사실 '고루하게 살았다', '박복하게 살았다' 하는 것에는 아무런 평가 기준이 없습니다. '내가 어떻게 느끼느냐' 하는 것에 달려 있습니다. 재산이나 소유만 해도 그렇습니다. 대부분의 사람들은 없는 것을 싫어합니다. 그러나 많이 있는 것을 진정으로 싫어하는 사람들도 분명히 있습니다. 요는 내가 어떻게 생각하고 사는가? 그것입니다.

가끔 50년대 말이나 60년대 초를 돌이켜 생각해 볼 때가 있습니다. 경제적으로 그때는 천만불 수출을 했다고 야단법석을 떨었습니다. 천억불도 아니고 천만불입니다. 반세기 정도가 지난 지금을 생각해보면, 지금이 너무나도 풍요롭다는 것을 알 수 있습니다. 사실 이런 비교는 '나이 먹은 사람들이 옛날 소리나 한다'고 젊은 사람들이 싫어하지만, 문득문득 놀라울 때가 있습니다. 그러면서 깨달아지는 것은 풍요롭다고 결코 행복한 것은 아니라는 사실입니다. '행복은 절대 많이 있는 것하고 관계가 없는 것이구나' 알 수 있습니다. 대개 아무리 못사는 사람들도 50년대 말이나 60년대 초하고 비교를 해보면 100배는 더 잘 삽니다. 거의가 우리는 그때보다 100배 이상 가지고 삽니다. 그런데 우리가 마음으로 행복을 느끼고 사는 것은 전혀 그렇지 않습니다. 그 수치하고는 전혀 관계가 없습니다.!

그러니까 여기 '전신후신이 고박(孤薄)하다'는 것도 결국은 '내가 얼마를 누리느냐' 하는 것 때문이 아니고, '내 처지를 어떻다고 스스로 생각하는가' 하는 내 평가, 내 느낌에 따라 고루하고 박복하다는 것입니다. 그것이 뭐겠습니까? 결국은 망정으로 분별하는 것입니다. 쓸 데 없는 가치기준, 쓸 데 없는 잣대, 쓸 데 없는 틀을 가지고 맞추고 재고 따지고 계산하는 것입니다. 망정분별(妄情分別)입니다.

54.
육도에 윤회함을 쉬지 못하고
맺은 업을 없애지 못하는구나

輪廻六道不停하고 結業不能除却이라
윤회육도부정   결업불능제각

"윤회육도부정(輪廻六道不停)하고 결업불능제각(結業不能除却)이라, 육도에 윤회하는 것이 머물지 아니하고 맺은 업을 없애지 못하는구나." 앞서 설명한 대로 망정분별로 살아 버릇하면, 어떤 상황에서도 행복할 수 없고 늘 육도윤회하게 됩니다. 맺은 업을 제하지 못하고 업에 끄달려 사는 것입니다.

자기의 눈에 보이는 모든 상황들이 다 업입니다. 그것을 자기 삶의 틀과 잣대, 기준으로 삼아서 맞추려고 하기 때문에 맺은 업입니다. 맺은 업을 제하지 못하고 우리는 그 업에 끌려다니며 삽니다. 물질적인 것이 아니라 내가 느끼는 주관적인 것이 그렇다는 것입니다.

55.
그런 까닭에 삶과 죽음에 떠다니나니
모두가 제멋대로 수단을 부리기 때문이다

所以流浪生死하니 **皆由橫生經略**이로다
소이유랑생사　　　개유횡생경략

"소이(所以)로 유랑생사(流浪生死)하니, 그래서 생사에 유랑하게 된다." 여기저기 자기 기준을 만들어 놓고, 그 기준에 끌리고 치우치고 빠져드는 것이 생사(生死) 아니겠습니까?

전세방 살 때는 한 20평짜리 아파트라도 자기 이름으로 가졌으면 좋겠다 싶은 생각이 듭니다. 그러다가 정작 20평짜리 아파트를 떡 사놓고 한 일주일쯤 되어서 친구집에 갔는데 그 집이 30평이더라 하는 겁니다. 그러면 그때부터 20평짜리 집에 들어오기 싫어집니다. 그렇게 좋아했는데도 불구하고 집에 들어오기 싫을 정도로 생각이 달라집니다.

계속 자기의 기준을 설정해놓고 비교하다 보니 갈등이 생기고, 갈등은 고통을 낳습니다. 좋다가 나쁘고, 나쁘다가 좋고를 늘 반복합니다. 좋은 생각이 일어났다가 싫은 생각으로 금방 돌아가 버리는 그것이 바로 유랑생사(流浪生死)입니다.

"개유횡생경략(皆由橫生經略)이로다, 비정상적으로 머리를 짜내서 수단을 부리기 때문이다." 경략(經略)이라고 하는 것은 수단을 부리는 것입니다. 경영이나 전략과 같은 말입니다. 이래저래 따지고 헤아리고 머리를 짜내어 경영과 전략을 낸다고 해서, 횡생(橫生)이라고 합니다.

"생사로 유랑하는 것은 제멋대로 수단을 부리기 때문이다." 그러니 이치를 알아야 됩니다. 모든 존재의 이치를 꿰뚫어보면 그렇게 허겁지겁 상황에 끄달려서 살 것이 아닙니다. 그러나 이치를 모르니 상황에 끄달려 살게 되고, 남이 하는 대로 휩쓸려서 따라할 수밖에 없습니다.

지공 스님의 『대승찬』은 구절구절 우리들에게 "정신 차려라, 정신 차려라"라고 말합니다. "정신 차려서 이치에 눈을 돌릴 때, 네가 바라는 삶은 바로 코앞에 있다. 그대는 이미 그런 삶을 살아오고 있었다."

56.
몸은 본래 허무하여 실답지 못하니
근본으로 돌아가면 누가 헤아리겠는가

身本虛無不實이니 **返本是誰斟酌**가
신 본 허 무 부 실   반 본 시 수 짐 작

"신본허무부실(身本虛無不實)이니, 몸의 근본이라고 하는 것은 허무해서 실답지 못하다." 몸의 근본은 비었다는 말입니다. 무상하고 세월이 가면 없어집니다. 앞서 말씀드린 '연기이기 때문에 공이다', '인연으로 만들어졌기 때문에 공이다', 그래서 '세월이 흘러가면 저절로 공으로 돌아간다'는 의미도 포함되어 있습니다.

몸의 근본은 허무해서 실답지 못함이니, '반본시수짐작(返本是誰斟酌)가, 근본으로 돌아가면 누가 그것을 헤아리겠는가?' 근본으로 돌아가면 헤아릴 것조차 없습니다.

『신심명』에서도 "일체이변 망자짐작(一切二邊 妄自斟酌), 모든 상대적인 견해는 전부 망령되이 스스로 저울질하고 잣대로 재고 틀에 맞추는 헤아림 때문이다."라고 했습니다.

57.
있음과 없음은 내가 스스로 만든 것이니
망령된 마음으로 애써 헤아리지 말라

有無我自能爲니 不勞妄心卜度하라
유 무 아 자 능 위   불 로 망 심 복 탁

 여기서 '탁(度)'은 '도'라고 읽지 않고 '헤아릴 탁'이라고 발음합니다. 양산 통도사(通度寺)의 이름도 이 도자를 쓰는데, 사실인지는 모르겠습니다만 어떤 유식한 척 하는 사람이 문에 턱 들어오며 '통탁사(通度寺)라!'고 읽었다고 하는 이야기가 사찰에서 오랫동안 전해져 내려옵니다. 저도 어릴 때 그 이야기를 들었습니다. '탁'이라고도 발음하고 '도'라고도 발음합니다.

 '있다, 없다'라고 하는 것을 우리가 좀 더 깊이 따져보면, 없다고 했던 것이 없는 것이 아니고, 있다고 하는 것도 진정 있는 것이 아닙니다. 이것은 깨달음의 안목이 아니라 물리적인 이치를 가지고 보아도 그렇습니다. 내가 스스로 '있다, 없다' 만든 것이고, 내 망령된 마음이 헤아리는(卜度) 것입니다. 그러니까 망령된 마음으로 헤아리지 말라는 것입니다.

58.
중생의 몸은 허공과 같은 것이니
번뇌가 어느 곳에 붙겠는가

衆生身同太虛니 **煩惱何處安著**이리오
중생신동태허   번뇌하처안착

"중생신동태허(衆生身同太虛)니 번뇌하처안착(煩惱何處安著)이리오, 중생의 몸은 큰 허공(太虛)과 같은 것이니 번뇌라고 하는 것이 어디에 안착하겠는가?"

이 몸뚱이 때문에 번뇌가 일어나지 않습니까? 이 몸뚱이의 근본을 따지고 보면 텅 빈 것입니다. 다른 것 다 제쳐놓고 몸뚱이가 '나'니까 몸뚱이가 텅 빈 것으로 아는 것, 이거 하나 풀리면 다 풀리는 것입니다.

여기서도 우리가 번뇌라고 하는 것은 전부 이 몸에 붙어 있는 것입니다. 우리는 몸을 근거로 해서 삶을 영위합니다. 그러니 거기에 번뇌가 있는 것입니다. 몸이 없다면 번뇌가 어디 붙을 자리가 있겠습니까?

59.
다만 아무 것도 바라거나 구하지 않으면 번뇌는 자연히 없어지리라

但無一切希求하면 **煩惱自然消落**하리라
단무일체희구   번뇌자연소락

"단무일체희구(但無一切希求)하면 번뇌자연소락(煩惱自然消落)하리라, 다만 일체 희구(希求)하는 것이 없을 것 같으면 번뇌가 저절로 다 녹아서 없어지리라[消落]."

대개 중생들의 삶이라고 하는 것은 구하고자 하는 마음[希求心] 때문에 시끄럽고, 고통이 많고, 머리가 지끈지끈하고, 잠이 안 오고, 소화가 안 되는 것입니다. 구하는 게 뭐겠습니까? 무엇이든지 다 구하는 것입니다. 예를 들어서 아픈 사람은 낫고 싶어 합니다. 사실은 건강하고 싶어 하는 것도 구하는 것입니다. 그냥 아픈 것이 '나'려니, 이렇게 생각하면 번뇌가 없다는 것입니다. 극단적인 표현을 하자면 그렇습니다.

그렇지만 아픈데 낫고 싶어 하지 않는 사람이 누가 있겠습니까? 그러나 또 낫고 싶어 한다고 해서 나아지는 것도 아닙니다. 모든 게 다 나을 때가 되어야 낫는 것이고, 나을 수 있는 조건을 만들어야 그 조건을 통해 낫게 되는 것입니다.

"유구개고 무구내락(有求皆苦 無求乃樂)"이라는 말도 있습니다. "구하는 것이 있으면 다 괴로울 수밖에 없고, 구함이 없을 것 같으면 이에 즐겁다." 여기, "일체 희구심이 없을 것 같으면, 괴로움이라고 할 수 있는 번뇌가 자연히 없어지리라." 하는 말과 일치합니다.

고통에는 불가피하고 불가항력적으로 생기는 고통도 있지만, 대개 우리 스스로가 만든 고통입니다. 그리고 그것은 구하는 마음 때문에 일어납니다.

60.
 우습구나 중생들의 꿈틀거림이
 제각기 한 가지씩 다른 소견에 집착하는구나

可笑衆生蠢蠢이 各執一般異見이라
가소중생준준　　각집일반이견

"가소중생준준(可笑衆生蠢蠢)이, 가소롭다 중생들의 꿈틀거림이." 중생의 사는 모습이 '준동함령(蠢動含靈)'이라고 해서 꿈틀꿈틀하는 벌레같이 살아가고 있는 것입니다.

서산 스님이 묘향산에 올라가, 산 아랫 마을을 내려다보면서 지은 시가 있습니다.

 일만 나라의 도성은 개미집이요
 일천 가옥의 호걸들은 구더기일세
 창문의 밝은 달을 베개 삼아 누웠는데
 끝없는 솔바람소리 가지각각 다르구나

萬國都城如蟻垤이요 千家豪傑似醯鷄일세
만국도성여의질　　천가호걸사혜계

一窓明月淸虛枕인데 無限松風韻不齊라
일 창 명 월 청 허 침   무 한 송 풍 운 부 제

서산 스님을 시기 질투하는 사람이 모함을 해서 감옥생활도 하게 되는 연유가 된 시이기도 합니다만, 참으로 중생들이 살면서 마음에 각각 한 가지씩 다른 소견을 갖고 있더라는 것입니다. '각집일반이견(各執一般異見)이라', 이게 참 무서운 것입니다. '전부 그 나름의 다른 견해를 가지고 있다', 사람 마음이 다 같다고 하지만 사실은 거의 모두 다릅니다. 세밀하게 따져보면 다 다른 소견입니다.

서산 스님의 위 시만 해도 도 닦는 사람이 한 번씩 그렇게 가슴에 있는 자신의 견해를 글로 표현할 수도 있는데, 속 좁은 중생은 서산 스님을 음해해서 나라를 무시하고 관료들을 구더기라고 욕을 했다고 무고하였습니다. 그리고는 정여립의 역모에 가담한 증거라고 덮어씌웠습니다.

전부 각자 자기의 소견을 하나씩 가지고 있는 것이 큰 병입니다. 자기 소견을 가지고 있지 않아야 융화가 되고 조화를 이룰 수 있을 것입니다. 그 놈 소견을 가지고 있는 것까지는 괜찮은데 나만 옳다고 계속 관철시키려고 하니까, 조화를 이루지 못하고 관계가 깨지게 됩니다. 알량한 자기 아집이

고, 알량한 자기 개인의 소견입니다. 내 소견이 옳다면 다른 사람도 옳을 수가 있는 것입니다. 다른 사람이 그른 소견을 가지고 있으면 나도 그를 수가 있습니다. 사람들은 그렇게 간단한 걸 모릅니다.

 '가소중생준준(可笑衆生蠢蠢)이 각집일반이견(各執一般異見)이로다.' 살았다고 꾸물거리고 살지만, 전부 한 가지씩 소견을 가지고 그저 자기만 항상 옳다고 생각을 합니다. 자신이 옳으면 남도 옳고, 남이 그르면 자신도 그르다고 하는 사실을 모릅니다. 한 번 깊이 생각해 볼 필요가 있습니다.

61.
다만 지짐 냄비 옆에서 구운 떡 먹기를 바랄 뿐
근본으로 돌이켜 밀가루를 볼 줄은 모른다

但欲傍鏊求하고　不解返本觀麵이로다
단 욕 방 오 구　　　 불 해 반 본 관 면

위에서부터 이 내용이 이어지고 있습니다. '가소중생준준(可笑衆生蠢蠢)', 중생들이 꿈틀거린다고 하는 것은 몸이 그렇다는 것이 아니고, 마음이 한시도 가만히 있지를 않고 계속 꿈틀대고 있는 것을 말합니다. 나부댄다고 해도 과언이 아닙니다. 우리의 마음이 한시도 가만히 있지 않고 작용을 하는데, 바람직한 방향으로 사고를 하는 것이면 좋겠으나 대개 그렇지가 못합니다. 자기의 좁은 소견, 들은 것, 배운 것, 선입견을 가지고 더 이상 진전 없이 딱 매여 별별 생각을 지어낸다면 참으로 문제가 많습니다.

그래서 '각집일반이견(各執一般異見)'이라고 했습니다. '일반(一般)'이라는 것은 '똑같다'는 의미가 있습니다만, 여기서는 '이견(異見)'이라고 하는 다른 소견을 각각 집착한다는 말입니다. '일반이라면 누구나 다 다른 소견을 가지고 있다.'

사람들이 불교에 입문하는 것만 보더라도, 전부 자기가 만든 불교가 있습니다.

불교공부를 했든, 안 했든, 어디서 들었든, 짐작을 했든 간에 처음 불교에 입문하는 사람이라고 해도 다 그 나름대로 자기 불교를 가지고 불교를 생각하는 사람들이 많습니다. 상당히 높은 사회적 학식이 있다고 여겨지는 사람도 마찬가지입니다. 불교가 무엇인지, 불교를 배우려는 자세가 아닙니다. '불교는 이런 것이려니' 또 '부처님은 우리들에게 이러이러한 소원을 들어주시는 분이려니' 이렇게 어림짐작을 하고 와서 수십 년 절에 드나듭니다. 스님들과 아주 친하게 지낸다고 자랑은 하면서도, 그 소견은 하나도 불교적이지 못한 경우가 많습니다.

알고 있는 대로 실천하느냐 못하느냐 하는 것은 또 그 다음 문제입니다. 일단은 바르게 아는 것이 우선입니다. 중생들의 집착, 혹은 욕심, 혹은 본능에 의해 어쩔 수 없이 바꾸지는 못한다 하더라도, '이것은 올바른 생각은 아니고, 내 개인의 욕심이다' 하는 것은 분별할 줄 알아야 합니다.

한 예로서 부처님은 어떻습니까? 왕위를 다 버린 분입니다. 버리고서 행복을 찾도록 하는 것이 불교의 가르침입니다. 그런데 대다수 사람들은 불교나 부처님에게 와서 '버림으로써 소득을 얻으려고' 하는 것이 아니라, '취하고 얻음으로써' 뭔가 자기의 행복을 추구하려고 합니다. 행복은 취하고 얻음으로써 쟁취하는 것이라는 선입견이 있습니다. 그 선입견을 가지고 부처님도 보고 불교도 봅니다. 중생의 한계라고 해야 할지는 모르겠습니다. 그러나 '불교는 버림으로써 행복을 추구하는 길'이라는 사실을 알고는 있어야 합니다.

여기에서 이견(異見)이라고 하는 한 예를 들어서 말씀을 드렸습니다만, 이런저런 여러 가지 소견이 다른 것의 근본은 어떻습니까? 텅 빈 마음자리입니다. 공적한 마음자리입니다. '적멸(寂滅)'이라고도 합니다. '제행무상 시생멸법 생멸멸이 적멸위락(諸行無常 是生滅法 生滅滅已 寂滅爲樂)'이라는 말도 있습니다. 적멸이 왜 '낙(樂)'이 되느냐? 우리 본성이 적멸하기 때문입니다. 그것이야말로 근본자리입니다.

여기는 비유를 이렇게 들었습니다. "다만 냄비 옆에서 구운 떡 먹기를 바랄 뿐, 근본으로 돌아가서 밀가루를 볼 줄 모른다." 밀가루로 만든 음식이 얼마나 여러 가지입니까? 그런데 그 '근본은 하나의 밀가루다' 하는 것입니다. 우리 소견이 각양각색이지만 근본은 공적한 마음자리, 적멸한 마음자리입니다.

62.
밀가루가 옳고 그름의 근본이지만
사람의 조작으로 말미암아 백 가지로 달라진다

麵是正邪之本이나 **由人造作百變**이라
면시정사지본   유인조작백변

"면시정사지본(麵是正邪之本)이라, 밀가루라고 하는 것은 정(正)과 사(邪)의 근본이다." 여기서 정과 사는 별별 모양, 상대적인 모든 현상들입니다. 밀가루가 그 근본이지만, "유인조작백변(由人造作百變)이라, 사람들의 조작으로 말미암아서 백 가지 천 가지로 변한다." 하물며 밀가루도 그런데, 모양이 없는 우리의 마음자리, 적멸(寂滅)하고 공적(空寂)한 마음자리는 어떻습니까?

우리는 모두 자신의 나름대로, 습관대로, 들은 대로, 익힌 대로, 배운 대로, 읽은 대로 전부 하나의 살림살이로 만들어서 각각 다른 소견을 가지게 되는 것입니다. 근본은 텅 빈 마음자리, 공적한 마음자리인데 그렇다는 것입니다.

'공문(空門)에 득도(得道)라'고 했습니다. '득도공문(得道空門)'이라는 말도 합니다. 텅 빈 문(門)에서 도(道)를 얻었다, 행복의 길을 얻는다고 했습니다. '적멸위락(寂滅爲樂)', 낙이라는 건 행복입니다. 그런 적멸한 자리, 텅 빈 마음자리를 볼 때 비로소 바람직한 행복이 거기에 있습니다. 공한 문, 텅 빈 마음자리, 적멸한 자리에서 비로소 도를 얻는 것입니다.

밀가루의 본성은 하나인데 백 가지로 변하듯이, 우리의 마음이 그와 같다는 것입니다.

63.
필요에 따라서 마음대로 만들어 내나니
좋아하는 것만 치우쳐 탐할 것이 아니다

所須任意縱橫이니 **不假偏耽愛戀**이라
소수임의종횡   　　　불가편탐애연

"소수임의종횡(所須任意縱橫)이니 불가편탐애연(不假偏耽愛戀)이라, 구하는 바대로 필요에 따라서 마음대로 만들어내나니 좋아하는 것만을 우리가 치우쳐 탐할 것이 아니다."

『증도가』, 『신심명』, 『대승찬』 등에서 깨달은 분들이 끊임없이 강조한 말씀은 중도(中道)입니다. 어디에도 치우치는 것을 제일 금기사항으로 생각합니다. 부처님이 처음 깨닫고 나서 오비구(五比丘)에게 설법하신 것도 '중도대선언(中道大宣言)'입니다. '중도를 나는 깨달았다' 라고 했습니다.

부처님은 어떻습니까? 아주 호화로운 태자시절의 향락생활도 지냈습니다. 그러면서 정반대로 6년간이라고 하는 피나는 고행생활도 했습니다. 그런데 그게 둘 다 바람직한 삶은 아니라는 것입니다. 향락의 생활도 고행의 생활도 바람직한 삶은 아니다, 거기에 치우치고 떨어지면 안 된다는 것입니다. 그래서 중도를 선언합니다.

"불가편탐애연(不假偏耽愛戀)이라, 자기가 마음에 들고 좋다고 해서 거기 치우쳐서 탐할 것이 아니다." 세상에 어떤 것도 마찬가지입니다.

64.

집착 없음이 곧 해탈이요
구함이 있으면 다시 그물에 걸린다

無著卽是解脫이요　有求又遭羅講이라
무착즉시해탈　　　　유구우조라견

"무착즉시해탈(無著卽是解脫)이요, 집착함이 없는 것이 곧 해탈이요", 어디에도 집착하지 않고 치우치지 않는 것, 이것이 곧 해탈(解脫)이요 벗어난 것입니다. 그러니까 치우치지 아니하고 집착하지 아니하면, 무엇이든지 가능합니다. 사실 다 버리는 것도 아닙니다. 단지 집착하지 않고 치우치지 않을 뿐입니다.

그러고 나서 이제 '오면 오는 대로, 가면 가는 대로' 인연에 맡기는 것입니다. '순리대로, 자연스럽게', 선(禪)은 '저절로 그러함'입니다. 불교는 '저절로 그러함'을 우리가 이해하는 것입니다. '모든 것은 다 저절로 그러하게 되어 있다'는 것을 아는 삶이 가장 바람직한 삶입니다. '저절로 그러함'을 어디에도 구애받지 않고, 어디에도 매이지 않는 '해탈(解脫)'이라고 합니다.

"유구우조라견(有求又遭羅羂)이라, 구하는 것이 있으면 또한 그물에 걸린다." 구하는 것이 있으면 그물을 만나 걸리게 됩니다. "유구개고 무구내락(有求皆苦 無求乃樂)"이라 했습니다. 구함이 있으면 다 괴롭습니다. 구하는 것 때문에 움쭉달싹 못합니다.

국회의원 출마자들을 보십시오. 평소에는 본 체 만 체 하는 사람들이 표 하나 얻기 위해서 허리를 90도로 구부려 땅에 대고 큰 절을 해댑니다. 청소하는 사람, 길거리에서 조그만 바구니 하나 놓고 소매상하는 사람들을 찾아다니면서 그렇게 큰 절을 합니다. 왜 그렇습니까? 구하는 것이 있어서 그물에 걸린 것입니다. 이것은 한 예로서 말씀드린 것이고, 주변을 살펴보면 우리들도 각자 모두 어디엔가 걸려있어 옴짝달싹 못하는 부분이 있습니다. 결국은 구하는 것이 있어서 그렇습니다.

그래서 "무구내락(無求乃樂), 구함이 없으면 즐겁다."라고 했습니다. 그물에 걸리지 않기 때문입니다. 초기 경전인 『숫타니파타』의 "소리에 놀라지 않는 사자처럼, 그물에 걸리지 않는 바람처럼" 시원하게 당당하게 살라는 것입니다.

65.

자비로운 마음은 일체에 평등하고
진실하면 곧 깨달음이 스스로 나타나리라

慈心一切平等하고 眞卽菩提自現이라
자 심 일 체 평 등 　 　 진 즉 보 리 자 현

"자심일체평등(慈心一切平等)하고, 자비로운 마음은 일체에 평등하고", 진정한 자비의 마음은 모든 것에 평등합니다. 우리가 보통 생각하는 것은 정(情)이지만, 관세음보살이나 지장보살의 자비는 정에 이끌리는 것이 아니라 지혜가 밑바탕 되어 있기 때문에 어디에도 치우치지 않는 자비를 행합니다.

사실 내 자식 아끼듯이 모든 사람들을 아낄 줄 알고, 부모 섬기듯이 모든 어른들을 섬길 줄 아는 것이 자비입니다. 그런 자비심은 일체 평등합니다. 일체 평등해야 비로소 자비입니다. 우리는 그 한계를 언제 뛰어넘을 수 있겠습니까? 평소에는 누구에게든지 자비심을 행할 것 같지만, 막상 닥치면 행하지 못하는 것이 또 우리들의 실정이기도 합니다.

"진즉보리자현(眞卽菩提自現)이라, 진실하면 곧 깨달음이 스스로 나타난다." 진실하면 저절로 깨달음이 나타납니다.

66.
만약 너와 나라는 두 마음을 품으면
부처를 대면하고도 부처를 알아보지 못할 것이다

若懷彼我二心하면 **對面不見佛面**이라
약회피아이심 　　　대면불견불면

"약회피아이심(若懷彼我二心)하면 대면불견면불(對面不見面佛)이라, 만약 너와 나라는 두 가지 분별심을 품게 될 것 같으면 부처님의 얼굴을 앞에 대하고도 알아보지 못한다." 부처님은 '취(取)·사(捨)·선(選)·택(擇)'으로부터 초월해 있는 분입니다. 분별하고 차별하는 마음이 있으면 부처님의 얼굴을 마주한들 어떻게 부처님을 알아보겠습니까? 아주 중요한 말입니다.

부처님이나 깨달으신 분들이 보신 진리란 이런 것입니다. 어디에도 치우치지 않고 궁극적으로 '너다, 나다' 하는 차별상에서 벗어날 때, 비로소 부처님 마음을 알게 되고 부처님을 보게 됩니다. 그러면 곧 부처님입니다. 부처님을 볼 줄 아는 마음이 준비되어 있는 사람은 곧 부처님입니다.

'너다, 나다' 하는 차별상과 분별상에 떨어져 있으면, "대면불견면불(對面不見面佛)이라, 부처님을 보고도 부처님인 줄 모른다." 부처님과 천리만리 떨어져 있어도 부처님의 정신에 입각해 살면, 그 사람은 부처님과 더불어 사는 사람이며 그 사람이 곧 부처님입니다. 부처님을 항상 머리에 이고 산다 해도 부처님의 정신에 입각해 있지 않으면, 그 사람의 삶은 부처님과 천리만리 떨어져 있는 삶이라고밖에 말할 수 없습니다.

"소가 수레를 끌 때 수레가 안 가면 소를 때려야 옳은가, 수레를 때려야 옳은가" 하는 말이 있습니다. 불교를 이해하고 또 우리 삶의 바른 길을 찾는 데 있어서, 무엇이 근본이며 원리이고 지엽적인 것인가를 알아야 합니다.

67.
세간에는 얼마나 어리석은 사람이 많은가
도를 가지고 다시 도를 찾으려 하는 구나

世間幾許癡人가 **將道復欲求道**로다
세 간 기 허 치 인   장 도 부 욕 구 도

도(道)라는 게 무엇이겠습니까? 우리 삶이 그대로 도입니다. 그런데 삶을 도로 볼 줄 모르고, 다른 데서 도를 구합니다. 그것이 어리석다는 것입니다. 지공 스님은 그러한 우리들, 세상 사람들이 어리석다고 하는 것입니다. 도를 손에 들고 다시 도를 찾는 격입니다.

그래서 "도를 깨닫는 것은 세수하다 코 만지기보다 쉽다"는 말을 합니다. 코는 세수를 해야 만질 수 있지만, 도는 어떤 노력을 해야만 되는 것이 아니라 자체가 도(道)이기 때문입니다. 삶 자체가 도이기 때문에 '세수하다 코 만지기보다 쉽다' 라고 하는 말이 맞습니다.

"장도부욕구도(將道復欲求道)로다, 도를 가지고 있으면서 다시 도를 찾는다." 종로에서 서울이 어디냐고 헤매면서 찾는 것과 같은 일입니다.

68.
온갖 이치를 두루 찾기에 바쁘지만
자기 몸도 스스로 구제하지 못하네

自救己身不了로다 **廣尋諸義紛耘**이나
자구기신불료　　　광심제의분운

 여러 가지 이치(諸義)를 널리 찾느라고 분주하고 어지럽게 하지만 스스로 자기 몸, 자기 자신을 구제하지 못합니다. '불료(不了)'라고 하는 것은 '일을 마치지 못한다'는 뜻입니다. 널리 아무리 찾으려고 한들 당장 자기 자신도 제대로 구제하지 못한다는 것입니다.

69.
오로지 남의 글과 어지러운 말만을 찾아서
지극한 이치가 묘하고 좋다고 스스로 말하노라

自稱至理妙好라 **專尋他文亂說**하야
자 칭 지 리 묘 호　　　전 심 타 문 난 설

"오로지 남의 글과 어지러운 말들만 찾아서, '지극한 이치가 묘하고 아주 좋은 것이다'라고 스스로 일컫는다."는 말입니다. 사실 이 글귀는 저에게도 해당이 되는 말입니다. 저도 늘 경전이나 어록을 보면서 탄복하고 좋아합니다. 저는 "만고의 명언이다, 천고의 명언이다"라는 표현을 씁니다만, "자칭지리묘호(自稱至理妙好), 스스로 '아주 지극한 이치다, 미묘하고 빼어난 가르침이다'라고 한다."는 것입니다.

70.
한갓 수고로이 일생을 헛되이 보내고
영겁토록 생사의 바다에 빠지는구나

徒勞一生虛過하고 **永劫沈淪生老**로다
도로일생허과　　　영겁침륜생사

 "도로일생허과(徒勞一生虛過)하고, 한갓 수고로이 일생을 헛되이 지내고, 영겁침륜생사(永劫沈淪生死)로다, 영겁 동안 생사에 빠지고 빠진다." 이제 우리가 백천 만겁에도 만나기 어려운 불법(佛法)을 만났으니 익히고 또 익혀서 깨달음을 증득해야 합니다. 아니 이 몸 그대로 부처임을 깨닫고 부처님의 말씀대로 살아가면 됩니다. 이를 깨닫지 못하고 산다면 일생을 헛되이 지내는 것이고, 영겁 동안 나고 죽는 생사 윤회를 거듭하는 것입니다.

71.
혼탁한 애욕에 묶인 마음 버리지 못하면
청정한 지혜의 마음이 스스로 번뇌한다

濁愛纏心不捨하면 **清淨智心自惱**라
탁 애 전 심 불 사　　　청 정 지 심 자 뇌

"탁애(濁愛)에 전심(纏心)을 불사(不捨)하면, 혼탁한 애착과 묶여 있는 마음(纏心)을 버리지 못할 것 같으면"이라고 했습니다. 전심이라는 것은 탁애와 같습니다. 애착하는 마음이 묶여있는 마음입니다. 그 마음을 버리지 못할 것 같으면, "청정지심(清淨智心)이 자뇌(自惱)라, 청정한 지혜의 마음이 스스로 번뇌하여 아주 시끄럽게 한다."고 했습니다.

72.
진여법계의 울창한 숲이
도리어 가시와 잡초만 무성하네

眞如法界叢林에　**返生荊棘荒草**로다
진여법계총림　　　반생형극황초

"진여법계(眞如法界)의 총림(叢林)에 반생형극망초(返生荊棘荒草)로다, 그대로가 진여법계 총림임에도 불구하고 도리어 가시와 잡초만 무성하게 한다." 저 앞에 탁애(濁愛)와 전심(纏心) 때문에 그렇다는 것입니다. 우리는 아주 혼탁한 애착과 애욕으로 여기 저기 얼마나 얽혀 있습니까? 사람에 얽혀 있고, 물질에 얽혀 있고, 명예에 얽혀 있고, 살아온 상식에 얽혀 있고, 자기가 쌓아온 지식에 얽혀 있고, 공 들인 것에 얽혀 있습니다. 중생은 무언가를 익히거나 만나게 되면, 단지 그 자체로 끝나지 않고 계속 마음속 찌꺼기로 남아 있습니다. 아무리 좋은 지식도 그렇습니다.

좋은 지식이 인생을 살아가는 좋은 교훈이기도 하지만, 또 그것이 사람을 얽어매는 수가 있습니다. 찌꺼기로 남아 있어서 하나의 틀이 되고 기준이 되어, 나중에는 그야말로 형극황초(荊棘荒草)가 됩니다.

진여법계는 우리의 본 마음자리입니다. 진여법계의 울창한 숲에서 그만 가시와 잡초가 무성한 형극(荊棘)이 되어서는 안 된다는 것입니다. 형극과 잡초란 우리 마음에 집착하고 분별하는 마음, 시시비비하는 마음입니다.

73.

다만 누런 낙엽을 황금이라 집착하고
황금을 버리고 보배를 찾을 줄은 깨닫지 못하네

但執黃葉爲金하고 **不悟棄金求寶**로다
단집황엽위금　　　불오기금구보

"단집황엽위금(但執黃葉爲金)하고 불오(不悟)에 기금구보(棄金求寶)로다, 다만 누런 잎을 집착해 금으로 삼고, 금을 버려서 보배를 구할 줄을 깨닫지 못하도다." 우는 아이를 달래기 위해서 노랗게 단풍 든 나뭇잎을 가지고 '이것이 금으로 만든 돈이다' 라고 합니다. 그러면 아이들이 노란 나뭇잎을 금으로 알게 된다는 것입니다.

경전을 가리켜 황엽(黃葉)이라고도 하는데, 부처님의 경전도 역시 가짜 돈에 해당되는 것입니다. 가짜 돈을 진짜 돈으로 착각하게 된다는 것입니다. 그것으로부터 집착을 떼야 하고, 초월해야 하는 것이 불교공부의 요체입니다. 경전을 통해 눈을 뜬다 하더라도 그렇습니다.

우리가 어록과 경전을 공부하고, 이를 통해서 과거에 대단히 뛰어나셨던 성인들을 만나게 됩니다. 우리는 백번 죽었다 깨어나도 따라갈 수 없는 뛰어난 분들을 만날 수 있다는 것은 고마운 일입니다. 지공 스님도 이 『대승찬』이 없으면, 우리가 어떻게 만나볼 수 있겠습니까? 경전이 아니면 어떻게 부처님을 만나고, 어록이 아니면 어떻게 옛 조사스님들을 만나겠습니까? 그분들을 비로소 경전과 어록을 통해서 만나는 것입니다.

위대한 분들과 동시대를 산다 해도 그분들의 사상과 정신을 배우지 못하고 본받으려고 하지 않는다면, 우리 주변에 부처님이 수억 만 명 있다 한들 무슨 의미가 있습니까? 우리는 이렇게 경전이나 어록을 통해서 그분들의 정신과 가르침을 배우게 됩니다. 그럼으로써 그분들을 만나게 되는 것이고 친해지는 것입니다. 대화가 되는 것입니다. 그분들의 백 마디 말씀 중에 한 마디만 우리 귀에 들어오고, 한 마디만 감동을 해도 그게 어딥니까? 그 한 마디 말씀도 큰 수확이고 보통 행운이 아닙니다.

저는 그렇습니다. 경전을 보든지 어록을 보든지 공부할 때 다 알려고 하지 않습니다. 공부를 처음 할 때 저는 '이 책 한 장에서 한 구절만 내가 이해해도 좋다. 그러다 보면 나중에 두 구절을 이해할 것이고, 세 구절을 이해할 것이고, 네 구절을 이해할 것이다. 한 줄을 이해해야 두 줄, 세 줄을 이해할 것 아닌가! 석 자가 됐든, 넉 자가 됐든, 다섯 자가 됐든 부처님 말씀을 경전에서 한 구절만 이해한다 하더라도, 그것은 보통 감지덕지한 일이 아니고, 보통 큰 복이 아니다.' 라고 평소에 늘 생각했습니다.

그럼으로 해서 차츰차츰 더 널리, 더 깊이, 더 높이 부처님과 깨달으신 성인에게로 가까이 다가설 수 있고, 친해질 수 있고, 대화가 되고, 또 교감이 이루어질 것입니다.

팔만대장경, 얼마나 성전이 많습니까? 그 많은 경전이 그냥 만들어진 것이 아닙니다. 뛰어난 분들이 죽을 고생을 해가면서 깨달음을 이루고 난 다음의 나머지 표현이 바로 경전이고 어록입니다. 그냥 나온 게 아닙니다. 보통사람이 고생고생해서 머리 짜내가지고 우리 글 쓰듯이 나온 것이 아닙니다. 그렇다면 경전도 어록도 별 것이 아닙니다.

어록을 남긴 조사스님들의 생애를 살펴보면 대개 천성이 뛰어났습니다. 그럼에도 누구도 따를 수 없는 노력을 기울였습니다. 그렇다 한들 다 깨달으리라는 보장은 없습니다. 천성 자질과 피나는 노력의 결과로써 큰 깨달음을 얻었을 때, 비로소 어록이라든지 경전이 나오게 되는 것입니다. 그러니까 어록과 경전을 통해서 부처님과 조사스님, 보살, 성인들을 만난다고 하는 것은 보통 행운이 아닙니다.

노파심절로 말한다면, 경전이나 어록을 황엽으로 볼 수도 있어야 하지만 먼저 소중하게 볼 수 있어야 합니다. 또 소중하게 보면서도 소견이 아주 높아져서 '그거 그야말로 눈가리개'라고 볼 줄도 알아야 합니다. "왜 도인이 경을 보고 있습니까?" 물으니, "아, 나는 심심해서 눈을 가리느라고 경을 본다."라는 대화도 있습니다. 결국은 경전이나 어록을 눈가리개와 황엽의 차원에까지 이르러 볼 수 있어야겠지만, 아직까지는 정말 소중하게 생각해야 됩니다.

　여기서는 지공 스님께서 당신의 차원으로 이야기하고 있습니다. '황엽을 집착해서 금으로 삼는다'는 '경전을 가지고 진짜 도로 삼는다'는 뜻입니다. '금을 버리고 진짜 보배 구할 것을 깨닫지 못한다', 이 때의 금은 나뭇잎을 가지고 황금으로 삼은 가짜 금입니다. '가짜 금을 버리고 진짜 보배를 구할 줄을 깨닫지 못함이로다.'라는 뜻입니다.

74.

그런 까닭에 실성하여 미쳐 날뛰며
억지로 겉모습 꾸미는 데에만 힘을 쏟는구나

所以失念狂走하며 强力裝持相好로다
소이실념광주　　　강력장지상호

"소이(所以)로 실념광주(失念狂走)하며 강력장지상호(强力裝持相好)로다, 그렇기 때문에 실성해서 생각을 잃어버리고 억지로 겉모습만 꾸미는 데 힘을 쏟는다." '장지상호(裝持相好)'는 외모를 자꾸 꾸미는 것입니다. 모양만 내는 것이 실성해서 미쳐 날뛰는 모습으로 보인다는 것입니다.

그러니까 지혜의 문은 캄캄한데, 지식이나 자꾸 쌓고 이론적으로 논리적으로 어지럽게 내닫는 것이 지공 스님이 보기에는 실성해서 미쳐 날뛰는 모습으로 보이는 것입니다.

75.
입 속으론 경을 외우고 논을 외우나
마음속은 언제나 바싹 말라 있구나

口內誦經誦論이나 **心裏尋常枯槁**로다
구내송경송론　　　심리심상고고

"구내송경송론(口內誦經誦論)이나 심리심상고고(心裏尋常枯槁)로다. 입속으로는 경도 외우고 논도 외우나 마음속에는 언제나 바싹 말라 있다."

청매 조사(靑梅祖師)의 말씀 중에 "심불반조(心不返照)하면 간경무익(看經無益)이라, 마음의 원리에다 비춰보지 못하고 경을 보는 것은 아무 이익이 없다."는 말씀이 있습니다. 불교의 가르침은 마음에 근거를 두고 있고 마음을 설명하는 것이고 마음에서 나온 말씀이기 때문에, 항상 마음의 원리에다 비춰봐야 되는 것입니다. 염불을 하든, 간경을 하든 마음에 반조해서 마음의 지혜가 되고 양식이 되어야 합니다. 그렇지 못하면 '항상 마음은 바싹 말라있다'는 것입니다.

76.
하루아침에 근본을 깨달아 마음이 공해지면
진여를 갖추어서 모자람이 없도다

一朝覺本心空하면 **具足眞如不少**로다
일 조 각 본 심 공　　　구 족 진 여 불 소

각본심공(覺本心空), 근본을 깨닫는다는 것입니다. 근본은 마음이고 마음의 실체는 공적하기 때문에 이런 표현이 나왔습니다. 사실 '공적하다, 적멸하다' 하니까, 그야말로 도를 통하면 허무하고 아무 것도 없는 것 같아서 인생도 살기가 재미없어질 것 같다는 사람이 많습니다.

인간으로 살 때는 고통스럽기도 하지만 그 나름으로 재미가 있는데, 도를 통하고 나면 인간적인 재미가 하나도 없을 것 같으니 허무해서 어쩌냐고 미리 염려를 합니다. 그건 천만의 말씀입니다.

그렇게 허무하다면, 그것 때문에 뛰어난 두뇌를 가지신 분들이 피나는 노력을 기울여서 도를 통했겠습니까? 정말 범인들로서는 상상도 못하는 진여의 세계에 계합한다는 것입니다.

77.
성문은 마음마다 미혹을 끊으나
능히 끊는 그 마음도 바로 도적이로다

聲聞心心斷惑이나 能斷之心是賊이라
성문심심단혹   능단지심시적

"성문심심단혹(聲聞心心斷惑)이나 능단지심시적(能斷之心是賊)이라, 성문들은 마음마음에 미혹을 끊지만 능히 끊는 그 마음이 또 도적이다." 도적이라는 것은 결국 우리 마음의 보물을 훔쳐가는 것들을 말합니다.

성문(聲聞)이란 불교에서 제일 하천한 공부꾼을 말합니다. 성문 위의 연각(緣覺), 보살(菩薩)까지도 사실은 삼승(三乘)이라서 방편으로 취급합니다. 그런데 제일 밑의 성문이야 말할 것이 없습니다. 그래서 성문은 마음의 혹(惑)을 끊고, 탐진치를 끊고, 팔만사천 번뇌를 끊는 식으로 끊어야 한다고 생각합니다.

끊는 방법도 여러 가지 있습니다. 그러나 무엇이 무엇을 끊는다는 말입니까? 능단지심(能斷之心)이라는 것이 결국은 끊으려고 하는 그 사람도 '나'고, 끊길 대상도 '나'라는 것입니다. 능히 끊는 그 마음도 그렇게 되면 도적이 됩니다. 완전한 데서 상대(相對), 대립(對立)이 서버리기 때문입니다.

끊는 마음은 능단(能斷), 끊어야 할 혹(惑)은 소단(所斷), 벌써 이렇게 대립이 생깁니다. 그러나 그것은 모두 전부 내 속에 있습니다. 내 속에서 그렇게 나눠놓고 하는 것입니다. 그럼 공부가 출발부터 잘못된 것이 됩니다.

출발부터 잘못되었지만, 그러나 또 그런 근기가 있는데 어떻게 합니까? 근기가 그러하니까 깨달은 분들이 그런 근기에 맞춰서, 되도 않는 법이지만 또 그에 맞는 법을 설정해 놓은 것입니다. 일단은 그런 법, 방편으로라도 건져 올려야 하기 때문입니다. 그래서 언젠가 정말 마음이 툭 터져서 끊을 것도 없고, 끊는 나도 없는 경지를 보게 되면 다행이라고 생각하는 것입니다. 그런 방편들도 적지 않습니다.

78.
도적과 도적이 번갈아가며 쫓아내니
어느 때에 그 말과 침묵을 요달할 것인가

賊賊遞相除遣하니 **何時了本語默**가
적 적 체 상 제 견　　　하 시 료 본 어 묵

끊어질 혹도 도적이고 능히 끊는 마음도 역시 도적이니, 도적과 도적이 서로 번갈아가면서 쫓아낸다는 말입니다.

그러니까 능히 끊는 마음이 미혹과 번뇌를 끊는다고 끊는데, 그 끊는 마음도 역시 도적입니다. 그러면 또 그 도적을 쫓아내려고 합니다. 새로운 도적이 생겼다고 하는 것도 역시 내 마음에서 생긴 것입니다. 상대적으로 그렇게 대립을 세워놓고 번뇌를 제거하겠다고 하면 천번만번 반복해서 쫓아내도 역시 도적입니다. 이것은 아주 미세한 이야기인데 일단은 그렇게 이해해 두십시오.

그래서 도적과 도적이 서로 번갈아 가면서 제견(除遣)하니, "하시료본어묵(何時了本語默)가, 어느 때에 본어묵(本語默)을 요달할 것인가?" 본어묵(本語默)이란 본래의 말과 침묵을 말합니다. "본래의 말과 침묵은 공(空)한 것인데, 그것을 언제 요달하겠는가"라는 말입니다.

누가 떠드는 사람이 있습니다. 거기에다 대고 '조용히 해' 하면 어떻습니까? 그 '조용히 해' 하는 것도 역시 떠드는 소리입니다. 그러니까 옆에 사람이 '너나 조용히 해'라고 합니다. '너나 조용히 해' 하는 사람이 얼핏 듣기에는 맞는 것 같지만 어떻습니까? 그것도 역시 시끄러운 소리입니다. 그래서 또 옆에 사람이 '너는 왜 그렇게 떠드느냐' 깜빡 잊고 또 그렇게 말합니다. 그 옆에 사람이 보니 가관입니다. 그래서 참지 못하고 또 한마디 거드는 겁니다. 끊임없이 이렇게 말과 침묵이 번갈아 가는 것입니다. 다 같이 도적이고 능(能)과 소(所), 주관과 객관이 그 한마음속에서 계속 번갈아 드나듭니다. 그러니 본래의 어묵(語默)을 언제 알게 되겠습니까?

『대승찬』은 제가 옛날에도 아주 좋아해서 몇 번 봤지만, 이번에 인터넷 방송법문으로 강의를 하면서 읽고 또 읽다보니 '말의 함축이 심하고, 그만큼 묘미와 깊이가 있고, 씹을수록 맛이 나는 가르침이 또한 이 『대승찬』이 아닌가'라는 생각을 하게 됐습니다.

79.
입으로는 천 권의 경전을 외우고 있으나 근본 바탕에서 경전을 물어보면 알지 못한다

口內誦經千卷이나 **體上問經不識**이라
구내송경천권　　　체상문경불식

　"구내송경천권(口內誦經千卷)이나 체상(體上)에는 문경불식(問經不識)이라, 입으로는 천 권이나 되는 경전을 외우고 있으나 근본바탕에서 경전을 물어볼 것 같으면 알지 못한다." 근본바탕에서 경전이 뭐겠습니까? 바로 우리 마음의 경입니다.

　"아유일권경(我有一卷經)하니 불인지묵성(不因紙墨成)이라, 전개무일자(展開無一字)나 상방대광명(常放大光明)이라"는 말이 있습니다. "나에게 한 권의 경이 있으니 종이와 먹으로 이루어진 것이 아니다. 펼쳐 봐야 글자 한 자 없지만은 항상 대광명(大光明)을 놓고 있다."라는 뜻입니다. 항상 대광명을 놓고 있는 것이 무엇입니까? 말하고 듣고 생각할 줄 알고, 상황에 따라서 하나도 놓치지 아니하고 감지하는 그 능력이 바로 상방대광명(常放大光明)입니다. 그것이 바로 체상경전(體上經典)입니다.

　"체상(體上)에 문경(問經)하면 불식(不識)이라" 그러니까 천

수경 줄줄 외우고, 반야심경 잘 외우고, 금강경 잘 외우고, 온갖 경전을 다 잘 외웁니다. 보통 신도님들도 뭐 외워라 하면 한 시간 정도 외울 거리는 있습니다. 그런데 정작 진짜 경전 이야기 한 번 해보라 하면, 말을 못합니다. 사실은 우리들의 일거수 일투족이 그대로 경전에서 광명을 놓는 것인데 말입니다.

80.
불법의 원만하게 통함을 알지 못하고
한갓 수고로이 글줄을 찾고 글자를 헤아리네

不解佛法圓通하고 **徒勞尋行數墨**하고
불 해 불 법 원 통　　　도 로 심 행 수 묵

"불해불법원통(不解佛法圓通)하고 도로심행수묵(徒勞尋行數墨)이라." 불법이라고 하는 것은 대승이라고도 할 수가 있고, 깨달음의 진리 그 자체를 말하기도 합니다. 진리의 속성은 여러 가지가 있겠지만 원통하다는 것입니다.

원통(圓通)은 원만히 통한다는 말입니다. 어디에든 어떤 문제든 간에 막히는 데가 없고 통하지 않는 것이 없습니다. 복잡하게 생각할 것도 없이 이것이야말로 사람이 사는 길입니다. 불법의 원통함을 알지 못한다면 대승이라고도 할 수 없습니다. 불법, 대승, 대도, 지극한 도는 곧 사람이 살아가는 길입니다.

사람이 살아가는 길이라고 하는 것이 미혹하고 어리석을 때는 좁고 험난하고 힘이 듭니다. 그런데 이치를 알고 보면 시원하게 원만히 통하게 됩니다. 이리 가도 괜찮고 저리 가도 괜찮습니다. 내 사정, 내 입장에 있어서 온갖 것이 통하지 아니한 것이 없습니다. 이것이 불법입니다.

그래서 "일체법 개시불법(一切法 皆是佛法)"이라는 말이 『금강경』에 있습니다. 모든 법이 다 불법이라는 것입니다. 그야말로 불법원통(佛法圓通)입니다. '일체 법이 다 불법이다'라고 했으니, 얼마나 원만히 통합니까?

불법이 산에만 있다, 출가한 사람들에게만 있다, 또는 절에만 있고, 불교경전 속에만 있다고 제한한다면 그것은 불법일 수도 없고, 또 『금강경』에서 말씀하신 "일체 법이 다 불법이다." 하는 가르침하고도 위배되는, 전혀 불법에 맞지 않는 말입니다.

'불법은 원통하다'는 이 한 구절만 가지고도, 우리 나름대로 틀을 만들고 선을 긋고 그 속에 얽매여서 '이게 불법인데 왜 이 불법에 맞지 않는가?'라고 생각하던 데서 해탈하고 해방될 수가 있다는 것입니다.

그럼에도 불구하고, "한갓 수고로이 심행수묵(尋行數墨)이라, 글줄을 찾고 먹을 헤아린다"고 했습니다. 묵(墨)이라는 것은 글자를 헤아린다는 뜻입니다. 경전의 글자 속에서만 어떤 이치를 찾고, 계율의 조문(條文)만이 불법인 것처럼 이해한다는 것입니다.

일체 법이 다 불법이고 원통한 것인데, 어찌 그 경전의 구절에만 불법이 있겠습니까? 경전의 구절로 불법을 설명하고 있습니다만 그것은 하나의 방편입니다. 그야말로 달을 가리키는 손가락에 불과한 것입니다. 진짜 달은 우리의 삶입니다. 우리의 삶이 진정한 진리이고 달입니다. 삶을 이렇게 사는 것이 좋다, 저렇게 사는 것이 좋다며 구구절절 경전 상에서 이야기해 놓았지만, 그것은 어디까지나 이론이고 글자라는 것입니다. 바로 지금 우리의 참 삶의 현장에서 불법이 원만하게 통하는 이치를 깨달아야 할 것입니다.

81.
모든 것을 버리고 조용한 곳에서 고행하며 뒷세상에 받을 몸의 공덕을 바란다

頭陀阿練苦行하며 希望後身功德한다
두타아련고행　　　희망후신공덕

'두타아련고행(頭陀阿練苦行)하며'라고 했습니다. 두타(頭陀)는 두수(抖擻)입니다. '떨 두(抖)' '떨 수(擻)', 즉 마음에서 번뇌를 털어버리는 것입니다. 부처님의 제일제자라고 하는 가섭 존자가 두타행(頭陀行)에 있어서 제일이라고 해서, '두타 제일 가섭 존자'라고 부릅니다.

'뭐든지 다 털어버린다' 번뇌가 아니더라도 가지고 있는 소지품이나 재산 등 집안에도 눈을 돌려 보면 얼마나 가진 것이 많습니까? 저만 하더라도 구태여 구하려고 아니 했는데도 불구하고, 이래저래 그냥 버리지 못하고 쌓아놓은 책부터 온갖 불필요한 것이 많습니다. 그런데 두타라고 하는 말이 좋은 것이, 마음의 번뇌는 물론이고 불필요한 물건들조차 시원스럽게 다 털어 버린다는 것입니다.

아련(阿練)이라고 하는 것은 아란야, 즉 적정처(寂靜處)를 말합니다. 고요한 곳, 깊고 깊은 산 속, 높고 높은 산봉우리 같은 곳에 암자나 토굴을 짓고 사는 사람들이 많습니다. 또 그런 방편의 가르침도 불교 안에 많이 있습니다. 그런 방편이 있기에 '아! 그 가르침, 그것 참 마음에 든다' 라고 자기 성격이나 마음에 드는 사람은 그 가르침을 따라서 그렇게 사는 것입니다. 그래서 깊은 산 속에 들어가서 사는 것을 '아란야에 산다' 라고 합니다.

또 고행을 합니다. 온갖 고행이 다 있습니다. 팔을 태우고, 몸을 태우고, 일상생활에 있어서도 힘든 행은 다 합니다.

그렇게 두타행을 실천하고 아란야에 살며 고행하면서, "희망후신공덕(希望後身功德)한다, 후신의 공덕을 희망한다."고 했습니다. 후신(後身)이라고 하는 것은 이 몸 이후의 몸, 그러니까 다음 몸을 말하는 것입니다. 결국 죽고 난 뒤에 아주 근사하게 잘 사는 것을 바라고 두타행도 하고 아란야에서도 살고 고행을 한다고 하는 것입니다.

너무 깊은 산속에 외롭게 혼자 살아 버릇하는 사람은 결국 그것이 업이 되어서, 내생에도 두메산골이나 아주 외딴 집에 살게 됩니다. 계획한 공부를 성취하기 위해서 잠깐 사는 것은 괜찮지만, 그것이 업이 되어 버리면 바람직하지 못합니다. 불법은 사람을 위한 것이고, 사람을 위하려면 사람과 더불어 사는 것이 더 바람직하기 때문입니다. 부처님은 어떻습니까? 한 동안, 어느 과정 동안만 홀로 계셨습니다. 그래서 부처님은 업이 되지 않았습니다. 어느 정도 공부하고 나서는 바로 사람을 찾아 나섰습니다.

특히 '내생에 아주 근사하게 살겠다' 하는 희망을 가지고 불교공부를 하는 사람들도 많습니다. 그렇게 바라서도 안 됩니다. 불법만큼 현실주의적인 가르침이 없습니다. 어떤 것보다도 현실을 존중하고, 현실의 삶을 충실히 살도록 가르치는 것이 또 불교입니다. 다음 생을 말하지 않는 것은 아니지만, 금생을 잘 살면 다음 생은 저절로 잘 살게 되어 있습니다. 『묘법연화경』「여래수량품」에도 "욕지내생사 금생작자시(欲知來生事 今生作自是), 내생에 내가 어떻게 살 것인가를 알고 싶은가? 그것은 내가 금생에 하고 있는 이 모습 그대로다"라는 말이 있습니다.

후생을 희망하는 것이 바른 것인가에 대한 구절이 다음 단락에 나옵니다.

82.
바라는 것이 있으면 곧 성인과 멀어지나니
큰 도를 어떻게 얻을 수 있겠는가

希望卽是隔聖이라 大道何由可得이리오
희 망 즉 시 격 성   대 도 하 유 가 득

 '희망즉시격성(希望卽是隔聖)이라'고 했습니다. 내생의 어떤 공덕을 바라보는 것은 성인(聖人)의 마음, 성인의 길, 성스러운 것과는 떨어져 있다는 것입니다. 그러므로 "대도하유가득(大道何由可得)이리오, 바람직한 도(道), 큰 도, 인간이 이를 수 있는 최고의 행복한 삶이라고 하는 것이 어떻게 얻어질 수 있겠는가?"라고 했습니다.

 앞서 '불법원통(佛法圓通)'이라고 했고, 또 '일체법 개시불법(一切法皆是佛法)'이라고도 했습니다. '대도무문(大道無門)'이라는 말도 있습니다. 어디에도 걸리지 않는 큰 도는 어떻게 얻어질 수 있겠는가? 그렇게 내생의 어떤 삶을 희망해서 닦는 게 아니라는 것입니다

83.
비유하면 꿈속에서 강을 건너는 것과 같으니
뱃사공이 강 저쪽으로 건네주네

譬如夢裏度河라   船師度過河北이라
비 여 몽 리 도 하   선 사 도 과 하 북

"비여몽리도하(譬如夢裏度河)라 선사도과하북(船師度過河北)이라." 비유하면 꿈속에서 강을 건너는 것과 같다는 것입니다. "꿈속에서 강을 건넜는데, 뱃사공이 강의 북쪽으로 건네주었다."는 것입니다. 우리나라는 대개 강이 북쪽에서 남쪽으로 흐르도록 되어서 강을 동서로 건넙니다. 그런데 중국은 거의 서출동류수(西出東流水)입니다. 우리나라에도 서출동류수가 있지만 드물기 때문에 귀하게 좋게 여깁니다. 그러나 중국에서는 장강이나 황하강 등 전부 서쪽에서 나와 동쪽으로 흐르는 서출동류수입니다. 그러니까 여기 이 구절에서 강을 건너려면 남쪽에서 북쪽으로 건너거나, 북쪽에서 남쪽으로 건넌다는 표현을 하게 됩니다.

어쨌든 어느 방향으로 건넜든 간에, 뱃사공이 강을 건네주었다. 그런데 그것은 꿈에서 건넌 것입니다.

84.

침상에서 단잠을 문득 깨보니
배로 건너가는 법칙을 잃어버렸네

忽覺床上安眠이니　失却度船軌則이라
홀교상상안면　　　실각도선궤칙

"홀교상상안면(忽覺床上安眠)이니, 홀연히 꿈을 깨고 나니 침상 위에서 편안히 자고 있더라." 하는 것입니다. 교(覺)는 역시 '꿈깰 교(覺)'로 읽습니다.

강을 건너려면 얼마나 분주합니까? 먼 길을 걷고, 큰 강이 있어서 강을 건너려고 하룻밤을 자고, 배를 타고 품삯을 주고, 짐을 싣고 내립니다. 온갖 과정을 다 거쳐서 강을 건너면 또 내리는 과정을 오르는 과정처럼 다시 반복합니다. 그런데 꿈을 깨고 보니 분주했던 모든 일들이 전혀 흔적이 없고, 침상에서 편안히 자고 있더라는 이야기입니다.

꿈을 깨고 나니 '실각도선궤칙(失却度船軌則)'입니다. '도선궤칙(度船軌則)'은 배를 타고 강을 건너는 법칙인데, 배를 타고 강을 건너는 여러 가지 절차를 말합니다. '건너가는 절차를 다 잃어버렸다', 그 말은 또 '건너가는 절차가 하나도 없다' 라는 뜻입니다. 어째서 그렇습니까? 안 갔기 때문입니다. 꿈을 깨 보니 배를 타고 건넌 것이 아니라, 그대로 침상 위에 편안히 누워 있었다는 것입니다. 그런 사람에게 무슨 배를 타고 건너가는 절차가 있겠습니까? 전혀 그런 절차가 없다는 것입니다.

이것은 무슨 말인가 하면 우리가 대도를 깨닫기 위해서, 불법이나 진리나 도를 통하기 위해서, 성불하기 위해서, 불교의 이상적인 경지에 이르러 가는 데 지위점차(地位漸次)가 상당히 많음에도 불구하고, 그런 것은 다 방편이고 사실은 지위점차라는 것이 전혀 없다는 이야기입니다. 앉은 자리, 선 자리, 내가 현재 이렇게 보고, 듣고, 느끼고 하는 바로 이 순간, 여기에 모든 것이 다 구비되어 있습니다.

열반이면 열반, 깨달음이면 깨달음, 성불이면 성불, 견성이면 견성, 대도면 대도, 이 모든 것이 한 걸음도 옮기지 아니한 이 자리에 다 구비되어 있다는 것입니다. 그러한 이치를 여기서는 "강을 건너는 복잡한 과정을 다 거쳐서 건넜지만, 깨고 나니 전혀 움직임이 없고 침상에 편안히 잠자고 있더라"고 표현했습니다.

『신심명』과『증도가』, 또 이『대승찬』에서 끊임없이 '수정(修定)을 부정(不定)하는' 최상의 가르침, 최첨단의 가르침을 이야기했습니다. 수정을 부정한다는 말은, 닦고 증득하는 것을 부정한다는 것입니다. 조사스님들의 어록에도 많이 나오는 이야기입니다.

대개 방편을 이야기하면 52위(位) 점차(漸次)라든가, 별별 지위점차(地位漸次)를 이야기하게 됩니다. 그러나 첨단 불교, 궁극의 이야기를 한다면 '본래성불(本來成佛)'을 이야기해야 옳은 것입니다. 본래성불은 수정을 부정하는 것입니다. 닦아 증득하는 것을 인정하지 않습니다.

이 자리에서 우리가 꿈 깨는 것과 같은데, 꿈 깨는 데 무슨 닦아 증득하는 것이 있습니까? 자던 잠이고, 꾸던 꿈이니, 깨어나면 그뿐입니다. 삼아승지겁(三阿僧祇劫)이라는 세월을 걸려서, 52위 지위점차를 밟아 올라가는 것이 아닙니다. 이치가 그렇게 되어 있는데도 지위점차에 관한 이야기가 많은 것은 그에 맞는 근기들을 위해서 방편으로 설해 놓은 것입니다. 그렇게 이해를 해야 옳습니다.

85.

뱃사공과 저쪽으로 건너간 사람
두 사람은 본래 서로 알지 못한다

船師及彼度人은 兩箇本不相識이라
선사급피도인   양개본불상식

뱃사공과 건너가는 나그네, 두 사람은 본래 서로 아는 바가 없습니다. 잠자면서 혼자 꿈을 꾼 것이지, 언제 뱃사공을 안 것도 아니고 배를 보았던 것도 아닙니다. 꿈속에서야 뱃사공을 만나서 품삯을 주고 강을 건너가는 여러 과정이 있었겠지만, 꿈을 깨고 나면 뱃사공과는 관계가 전혀 없습니다.

꿈속에 있었던 모든 것이 다 부정됩니다. 없다는 것입니다. 본래 없었는데 공연한 꿈을 꾸었을 뿐입니다. "양개본불상식(兩箇本不相識)이라, 두 사람이 본래 서로 알지 못한다."라고 했습니다. 아주 미묘하고 능수능란하며 의미심장한 표현입니다. 『대승찬』을 읽어보면 읽어볼수록 이러한 표현에 놀라움을 금치 못합니다.

86.

중생은 미혹하고 전도되어 얽혀 다니며
삼계에 오고 감에 피로하기 끝이 없다

衆生迷倒羈絆하며 往來三界疲極이라
중생미도기반　　왕래삼계피극

"중생미도기반(衆生迷倒羈絆)하며 왕래삼계피극(往來三界疲極)이라, 중생은 미혹해서 전도되어 얽혀 있으며 삼계에 왕래하면서 지극히 피로하다." 피극(疲極), 피로함이 지극해서 끝이 없다는 뜻입니다. 우리는 세상에 휘둘리고 찌들리고 현실에 미혹되어서, 꿈을 깰 줄 모릅니다. 도대체 벗어날 줄을 모릅니다.

87.
삶과 죽음이 꿈과 같음을 깨닫는다면
일체의 찾는 마음이 저절로 쉬어지리라

覺悟生死如夢하면 **一切求心自息**이라
각 오 생 사 여 몽　　　　일 체 구 심 자 식

"각오생사여몽(覺悟生死如夢)하면 일구심자식(一求心自息)이라, 생사가 꿈과 같은 것을 깨닫는다면 일체 구하던 마음이 저절로 쉬어진다." 열반을 구하고, 부처님께 와서 온갖 것을 조르던 일들, 화두 들고 참선하는 것, 수없이 절을 하며 구하던 마음들이 저절로 쉬어진다는 것입니다.

불교는 이치를 아는 것입니다. 이치를 아는 것이 마치 잠자다 꿈 깨는 것과 같은 것입니다. 꿈 깨는 데 무슨 과정이 필요하고, 또 무슨 지위점차(地位漸次)가 필요합니까? 깨면 그 모든 것들이 다 불필요한 것들입니다. 잠에서 못 깨면 꿈꾸는 것이고, 꿈꾸다가 깨버리면 그뿐입니다.

돈오돈수(頓悟頓修)입니다. 굳이 이러한 말도 쓸 필요가 없지만, 기왕 있는 용어를 활용하자면 돈오돈수인 것입니다.

88.
깨달아 아는 것이 곧 보리이니
근본을 깨달으면 단계가 없다

悟解卽是菩提니 了本無有階梯니라
오해즉시보리　요본무유계제

"오해즉시보리(悟解卽是菩提)니", 깨닫고 나면 곧 그것이 보리(菩提)라는 것입니다. 보리, 즉 도(道)라는 것입니다.

깨닫고 나면 그대로 보리이니, "요본무유계제(了本無有階梯)니라" 했습니다. 근본을 깨달을 것 같으면 계단, 즉 어떤 지위점차가 없다는 것입니다. 우리가 사다리를 놓고 높은 곳을 올라갈 때 한 계단씩 올라가지 않습니까? 그와 같이 중생에서 성불에 이르기까지 대개 52위(位) 지위점차(地位漸次)를 이야기하는데, 그것을 계제(階梯)라고 합니다. 그런데 근본을 깨닫고 나면 그러한 계제가 하나도 없다는 것입니다.

89.
곱사등이 같은 범부들을 탄식하나니
팔십이 되어 마음대로 걷지 못하는구나

堪歎凡夫傴僂하나니 **八十不能跋蹄**로다
감탄범부구루　　　　팔십불능발제

 "감탄범부구루(堪歎凡夫傴僂)하나니, 곱사등이 같은 범부들을 탄식하나니" 했습니다. 성한 사람이 곱사등을 하고 있는 사람을 보면 안타깝기 이를 데가 없습니다. 제대로 걸음을 걷지도, 등을 펴지도 못하니 생활하는 데 얼마나 불편하겠습니까? 깨달은 사람의 눈에는 범부들의 삶이 그렇게 보인다는 것입니다.

 "팔십불능발제(八十不能跋蹄)로다, 팔십에 능히 제대로 걷지도 못하는구나." 굳이 팔십이 아니라 하더라도 늙었다는 뜻입니다. 팔십 이상도 살고 그 이하에도 죽지만, 대개 인간의 수명을 팔십으로 말하고 있습니다. 팔십까지 살기는 살지만 제대로 살지도 못하고, 이치를 모르고 살아가니까 그 모습이 그야말로 '너무 답답하고 안타깝다'는 마음이 담겨 있습니다.

90.
한갓 수고로이 일생을 헛되이 보내면서
세월의 흐름도 알지 못하는구나

徒勞一生虛過하며 不覺日月遷移로다
도로일생허과　　　불각일월천이

"도로일생허과(徒勞一生虛過)하며, 한갓 수고로이 일생을 헛되이 보낸다." 딴에는 수행과 공부를 한답시고 기도를 하고, 참선을 하고, 경을 보면서 삶에 눈을 뜨려고 하지만, 제대로 이치를 알지 못하고 하니 참으로 일생을 헛되이 보내는 것같이 보입니다.

"불각일월천이(不覺日月遷移)로다, 모르는 결에 일월(日月)이 옮겨가는도다." 모르는 결에 세월이 흘러간다는 것입니다. 혹 다행히 우리가 경전을 공부하고 제대로 된 법문을 듣는다 할 것 같으면, 일생을 헛되이 보내지도 않고 세월의 흐름도 알 수 있을 것입니다.

91.

위를 향해 저 스승의 입을 바라보는 것이
마치 어미 잃은 아이와 같구나

向上看他師口가 恰似失孃孩兒로다
향상간타사구　　흡사실내해아

'향상간타사구(向上看他師口)가', '위를 향해서 스승의 입을 보고 있는 것' 이라는 뜻입니다. 법문을 하는 사람은 높은 법상에 앉지 않습니까? 지공 스님이 『대승찬』을 쓸 당시는 경전이나 그 외 법문에 대한 정보가 아주 귀했습니다. 밑에 앉아서 오로지 법문하는 소리를 그저 듣고, 무슨 말이 나오는가 하고 입만 바라볼 뿐입니다. 그런 상황입니다.

『보살계』에 보면 "법문한다는 소리를 듣고, 가서 듣지 아니함을 경계한다"고 했습니다. "가서 듣지 아니하면 계를 범하는 것으로 되어 있다" 할 정도로, 어디선가 법문한다는 소리를 들었는데도 그곳에 가서 듣지 아니할 것 같으면 파계(破戒)가 됩니다.

요즘은 책이라든지 텔레비전, 라디오, 녹음기, 인터넷이 발달해서 그저 가만히 앉아서도 얼마든지 오래된 법문, 또 새로운 법문을 골라 가면서 들을 수 있습니다. 옛날에는 그런 것이 너무 귀했습니다.

제가 어릴 때만 해도 사찰에서 법문하는 일이 없었습니다. 신도들이 불공하러 와도, 법문하는 것은 생각도 못하고 해주지도 않았습니다. 그저 여법하게 사는 사찰에서나 스님들에게 초하루나 보름에 법문하고, 혹은 결제·해제하는 날, 한 번 더 하면 반 결제 중에 법문을 했습니다. 알뜰히 따져봐야 1년에 6번 정도 들을 수 있었습니다. 그러니 스승의 법문하는 입만 쳐다보고 있을 수밖에 없는 상황입니다. 신도나 스님이나 그러한 입장이었습니다.

이 구절에서 지공 스님은 그런 상황을 보시고서 '흡사실내해아(恰似失嬭孩兒)로다, 마치 어머니를 잃어버린 아이와 같다.'라고 표현했습니다. 어린아이가 어머니를 잃어버리면 어떻게 되겠습니까? 그저 자나깨나 어머니를 찾는 간절한 마음이 됩니다. 법문 듣는다는 사람들이 '스승이 무슨 말을 하는가?' 하고 입을 쳐다보고 있는 것이 꼭 어머니를 잃어버린 어린아이의 모습과 같다고 했습니다.

92.
도교인과 속인들이 다투어 모여들어
종일토록 남의 죽은 말만 듣고 있구나

道俗捨嶸集聚하야 **終日聽他死語**로다
도 속 쟁 영 집 취　　　종 일 청 타 사 어

『대승찬』을 쓸 당시 남조의 종교상황이라고 한다면, 유교와 도교의 뿌리 깊은 폐단 때문에 당시 지식인들과 신흥 정치인들 사이에는 인도에서 들어온 지 얼마 안 된 신선한 종교인 불교가 크게 환영받는 상황이었습니다. 하지만 아직 민중들에게까지 불교가 뿌리내렸다고 볼 수는 없습니다. 또 유교를 종교라고 할 수는 없고 당시 일반화된 가장 큰 종교 세력은 도교였습니다. 그래서 도속(道俗)이라는 말 속에는 도교를 믿는 사람들과, 그것마저 믿지 않는 속인들이라는 뜻이 포함되어 있습니다. 그러한 사람들이 다투어 모여와서 "종일청타사어(終日聽他死語)로다, 하루 종일 다른 사람의 죽은 말만 듣고 있구나." 지공 스님께서 당시 상황을 보니, 마치 그와 같더라는 것입니다.

93.
자기의 몸이 무상한 줄 보지 못하고
마음에 탐욕을 부리는 것이 이리와 호랑이 같네

不觀己身無常하고 **心行貪如狼虎**로다
불관기신무상　　　심행탐여랑호

"불관기신무상(不觀己身無常)하고 심행탐여랑호(心行貪如狼虎)로다, 자기 자신이 무상하다는 것을 관찰하지 아니하고 마음으로 탐욕을 행하는 것이 마치 이리나 호랑이와 같더라." 이리나 호랑이가 얼마나 사납고 무섭습니까? 그런데 누구나 자기의 이해관계가 걸려 있으면 이리가 되고 호랑이가 됩니다. 단돈 1,000원을 가지고도 그렇게 되는 경우가 적지 않습니다.

94.
좁고 못난 이승을 슬퍼하나니
오장육부를 억눌러 항복시키고자 하네

堪嗟二乘狹劣하니　要須摧伏六府로다
감차이승협열　　　요수최복육부

 "감차이승협열(堪嗟二乘狹劣)하니, 이승(二乘)의 좁고 못난 마음을 내가 슬퍼하나니"라고 했습니다. 이승(二乘)은 성문·연각을 말하는 것인데, 소견 좁고 편협한 사고를 가진 사람이라는 뜻입니다.

 '불법원통(佛法圓通)'이라든지 '일체법 개시불법(一切法 皆是佛法)'이야말로 불법(佛法)이고, 대도(大道)이며, 바람직한 삶의 길이라고 앞서 말씀드렸습니다. 그런데 이승이란 그 반대적인 의미로 많이 사용됩니다. 좁고 못난 소견을 갖게 되면, '요수최복육부(要須摧伏六府)로다, 모름지기 오장육부를 항복시킨다.'고 했습니다. 꺾을 최(摧), 항복받을 복(伏)이며, 오장육부라는 것은 우리의 몸입니다. 우리 몸을 항복받는다는 말입니다.

 저는 남악회양 선사와의 대화를 자주 인용합니다. 소의

멍에를 수레에 채웠는데 수레가 가지 않는다면 수레를 때려야 하는가, 소를 때려야 하는가? 차를 타고 가려고 할 때 운전수를 보고 말해야 하는가, 차체를 보고 말해야 하는가?

어떻습니까? 너무나도 당연해 보이는 이야기이지만, 우리 삶을 들여다보면 우리는 간단한 문제를 놓치고 근본을 잃고 지엽에 매달려 삽니다. 우리들 중생들의 좁은 소견이라고 하는 것이 참 기가 막히고, 인간의 한계일 수밖에 없는가 싶은 안타까운 생각이 듭니다.

그 오장육부를 항복받는 것이 근본이 아니지 않습니까? 그것이야말로 소를 때리는 것이 아니라 수레를 보고 때리는 것입니다. 운전수 보고 가자는 것이 아니라 차바퀴를 툭툭 차면서 가자고 하는 꼴이 되어 버립니다.

95.
술과 고기와 오신채를 먹지 않으며
삿된 눈으로 남이 마시고 먹는 것을 바라보네

不食酒肉五辛하며　**邪眼看他飮咀**라네
불식주육오신　　　　사안간타음저

이것은 오신채나 술과 고기를 권장하는 말은 아닙니다. 그런데 '그런 것을 꼭 하지 않아야 한다'라는 것에 치우쳐서 집착하고 있기 때문에 이런 말을 하는 것입니다.

삿된 눈으로 본다는 것은 자기가 지키고 있는 것을 다른 사람이 범하는 것을 볼 때, '아, 저거 몹쓸 사람'이라고 보는 것입니다. 술을 한 잔 하거나 오신채와 고기 먹는 사람들을 송충이나 지네, 뱀을 바라보듯이 지나치게 혐오하는 마음으로 보는 사람들이 있습니다. 그런데 그런 사람들 중에는 결국은 얼마 안 가서 수행과 공부를 아예 포기해 버리는 사람들이 종종 있습니다. 처음부터 잘못 배워서 편벽되게 수행하는 사람들이 대개 보면 잘못됩니다.

지공 스님도 여기서 계율에 너무 치우친 생각을 하고 있는 사람들에 대해서 언급하고 있습니다. 자기가 잘 하는 것까지는 좋은데, 남이 못한다고 삿된 눈으로 바라보는 것은 좋지 않다는 것입니다. 차라리 자기 자신도 잘못하고 남을 삿된 눈으로 보지 않는 것이 나을 수도 있습니다. 자기는 잘했다 하고 남을 삿된 눈으로 보는 정도에 그치는 것이 아니라, 온갖 비방을 퍼부으면 자기가 조금 잘 한 것도 몇 배로 까먹는 일이 됩니다. 그러니 무슨 소득이 있습니까?

계율 문제뿐만 아니고, 우리가 살아가면서 시시비비하는 잘잘못의 문제에 대해서도 그렇습니다. 틀림없이 상대가 잘못했고 내가 잘했다손 치더라도, 그 잘못한 것을 너무 지나치게 폄하한다든지, 무시하고 욕을 한다든지, 비난을 한다든지, 자기 잘한 것을 끝도 없이 늘어놓는다든지 하면 좋지 않습니다. 차라리 자기도 잘못하고 자랑도 안 하고, 남 잘못 하는 것을 허물하지 않는 것이 훨씬 낫습니다.

96.
더하여 삿된 행위로 어지럽게 날뛰며
기운을 단련하며 소금과 식초를 먹지 않는구나

更有邪行猖狂이라 **修氣不食鹽醋**로다
갱 유 사 행 창 광 　 　 수 기 불 식 염 초

"갱유사행창광(更有邪行猖狂)", 거기다 또 다시 덧붙여서, 삿된 행위로 어지럽게 미친 듯이 날뛰는(猖狂) 경우를 말합니다. 좀 잘 한다고 하는 사람들, 이승(二乘)들의 좁은 소견으로 하는 짓들이 그렇다는 것입니다. 수행을 떠나서 보통 사람들이 살아가는 삶에도 큰 교훈이 되는 이야기입니다.

"수기불식염초(修氣不食鹽醋)로다", 기운을 단련해서 소금과 식초 같은 것도 안 먹는다는 말입니다. 이런 것은 마음의 문제가 아니고, 신선도(神仙道)를 닦는다든지 기운을 단련한다든지 간에 기껏해야 육신의 문제가 되어버립니다.

지금같이 정보가 흔하고, 무엇이든 알고자 하는 만큼 알 수 있는 시대에도 이렇게 좁은 소견을 가지고 있는 사람들이 많습니다.

97.
만약 상승의 지극한 진리를 깨달으려면
남녀를 분별함도 없어야 하리라

若悟上乘至眞하면 **不假分別男女**로다
약 오 상 승 지 진　　불 가 분 별 남 녀

여기서는 상승(上乘)이라는 표현을 썼습니다만, 최상승(最上乘), 대승(大乘), 대도(大道), 지도(至道)가 다 같은 뜻이라고 앞서 말씀드렸습니다.

상승의 지극한 진리를 만약에 깨닫고자 한다면, "불가분별남녀(不假分別男女)하라, 남녀의 분별을 하지 말라." 상대적인 편견을 갖지 말라는 말과 같습니다. 남자를 여자로 알고 여자를 남자로 알라는 뜻이 아닙니다. '남자다 여자다, 옳은 일이다 그른 일이다, 이것은 옳고 저것은 그르다'라며 치우치는 것은 절대 금물이라는 것입니다.

『신심명』이나 『증도가』나 『대승찬』이나 한결같이 '중도적인 삶'을 크게 주장하고 있습니다. 상대적인 차별상에 떨어지는 것을 첫째가는 금기사항으로 말씀하고 있습니다. 상대적인 차별상에 치우쳐 있는 것, 즉 어느 한 곳에 치우쳐

'절대적으로 옳다, 절대적으로 그르다'라고 하면 안 된다는 것입니다.

우리가 배를 타고 강을 내려갈 때, 그 양쪽 언덕이 있어서 강이 형성되고 배를 타고 내려갈 수 있습니다. 그러나 그 언덕 어느 쪽이라도 가서 닿으면 배는 앞으로 더 나아갈 수가 없습니다. 그와 같이 중도(中道)적 삶이라고 하는 것은, 상대적인 어떤 차별상을 부정해서도 긍정해서도 안 되는 것입니다. 부정과 긍정을 공(空)하게 여겨야 합니다. 부정할 때 부정하고, 그러는 한편 긍정하고, 긍정하면서 한편으론 또 부정하면서 원만히 조화를 이뤄가며 사는 것이야말로 중도의 길입니다. 이것이 상승(上乘)이요, 대승(大乘)이요, 큰 도이고, 지극한 도라고 말씀드릴 수가 있습니다.

『대승찬』은 10수로 되어 있는데, 대개는 여기까지가 9수이고, 한 수가 떨어져 나갔다고 합니다. 여기저기 자료들을 다 찾아보아도 이 이상은 없습니다. 원문이 떨어져 나갔다면 조금 떨어져 나갔겠는데, 참 아쉬운 일입니다. 그러나 여기까지만 하더라도 『팔만대장경』의 요체를 다 이야기하고, 지공 스님 당신이 하시고 싶은 가르침을 다 이야기했다고 볼 수 있습니다.

마지막에 계율문제를 거론하면서, '옳다, 그르다' 하는 것에 너무 치우쳐서 생각하지 말라고 했습니다.

불교에서는 계율을 이야기할 때 '경우에 따라서는 살인도 가능하다'고 했습니다. '살인도 가능하다' 왜냐? 보다 많은 사람, 많은 생명을 빼앗을 우려가 있는 사람이라면, '내가 그 사람을 죽이고, 내가 그 과보를 받고, 차라리 내가 지옥에 떨어지는 길을 택하겠다.'는 것이 불교의 소견입니다. 그렇게 해서 비록 한 사람은 죽었지만 다른 많은 사람이 살게 된다는 것입니다. 소위 대(大)를 위해서 소(小)를 희생하는 그런 경우입니다. '살인도 가능하다'고 했는데, '안 된다'라고 하는 한 면만 알면 어떻게 되겠습니까? 그럴 때 문제가 많아지는 것입니다.

『대승찬』에는 중도라는 말이 한 마디도 나오지 않습니다. 그러나 시종일관 어디에도 치우치지 말고, 극단적으로 부정도 긍정도 하지 말라고 했습니다. "부정할 때 부정하되 긍정을 가지고 있고, 긍정할 때 긍정하되 또 역시 부정을 가지고 있으면서 조화를 이루는 삶이 가장 이상적인 삶이며, 그것이 대승(大乘)이고 대도(大道)고 지도(至道)다." 하는 내용으로 일관되어 있습니다. 최후의 결론도 그와 같이 매듭을 짓겠습니다.

대승찬 강설

초판 인쇄/2006년 12월 19일
초판 발행/2006년 12월 27일

지은이/무비 스님
발행인/박인출(慧潭至常)
편집인/박상근(至弘)
펴낸곳/불광출판사

138-844 서울시 송파구 석촌동 160-1
대표전화 (02) 420-3200
편집부 (02) 420-3300
팩스밀리 (02) 420-3400
http://www.bulkwang.org

등록번호 제1-183호(1979. 10. 10)
ISBN 89-7479-360-1

● 잘못된 책은 바꾸어 드립니다.
값 9,000원